U0660736

THE ORGANIZED TEACHER:

A HANDS-ON GUIDE TO SETTING UP RUNNING A TERRIFIC CLASSROOM

智能课堂设计清单

帮助教师建立一套规范程序和做事方法

（美）史蒂夫 · 斯普林格、布兰迪 · 亚历山大、金伯莉 · 伯斯安尼
（Steve Springer，Brandy Alexander，Kimberly Persiani）著

中国青年出版社

图书在版编目（CIP）数据

智能课堂设计清单：帮助教师建立一套规范程序和做事方法 /（美）史蒂夫·斯普林格，（美）布兰迪·亚历山大，（美）金伯莉·伯斯安尼著；张月佳译. —2版.
—北京：中国青年出版社，2018.10
书名原文：The Organized Teacher: A Hands-On Guide to Setting Up and Running a Terrific Classroom
ISBN 978-7-5153-5298-5
Ⅰ.①智… Ⅱ.①史… ②布… ③金… ④张… Ⅲ.①课堂教学—教学设计 Ⅳ.①G424.21
中国版本图书馆CIP数据核字（2018）第207372号

智能课堂设计清单：
帮助教师建立一套规范程序和做事方法

作　　者：〔美〕史蒂夫·斯普林格　布兰迪·亚历山大　金伯莉·伯斯安尼
译　　者：张月佳
责任编辑：周　红
美术编辑：夏　蕊
出　　版：中国青年出版社
发　　行：北京中青文文化传媒有限公司
电　　话：010-65511270/65516873
公司网址：www.cyb.com.cn
购书网址：zqwts.tmall.com　www.diyijie.com
印　　刷：大厂回族自治县益利印刷有限公司
版　　次：2018年10月第2版
印　　次：2018年10月第1次印刷
开　　本：787 × 1092　1 /16
字　　数：208千字
印　　张：17
京权图字：01-2013-1670
书　　号：ISBN 978-7-5153-5298-5
定　　价：49.90元

前言

通过课堂学习环境设计引领课堂转型

2003年1月，我有幸成为加利福尼亚大学实习教师资格认证中“定向教学”方向的导师。我的两名实习教师被安排接受斯普林格先生和亚历山大先生11周的指导，而我的第一站就是斯普林格先生的教室。

进入教室后，我发现那里完全是孩子们的天下，教室里漂亮地装点着班级学生的照片，附上他们刚刚写好的记叙文，孩子们在相互交谈，而学习正悄然进行着。课堂教学以中等水平为基础，教师还有余力对尖子生和后进生照顾有加。我迫不及待地要找个更好的位置，以便观察我的实习教师专业水平的进步。

接下来亚历山大先生的教室同样令我惊叹不已。新教师们在这个阶段很容易感到陌生和恐惧，而我的实习教师却非常乐于置身于这样积极的氛围里，实在让人难以置信。亚历山大先生的教室中，科技被视为一个关键的元素，电子（教学）游戏、小组讨论和学生参与都受到了相当的重视，这使我更加坚信，我的实习教师们将受益匪浅。

冬季学期接近尾声的时候，我带的实习教师也完成了他们最后的观察任务，我注意到他们拿着一本档案夹，里面满满当当地记录着各种新奇的点子，从课程计划、公告栏的创意，到课堂纪律程序，再到评价理念和分组的想法等等。当我问起他们的时候，实习教师们说是斯普林格和亚历山大先生为他们提供了这些材料。于是我马上询问两位教师为什么不把这些材料出版，用来帮助所有的现任和实习教师。自那时起，本书的准备工作就已经在酝酿中了。

其后我们三个人奋斗了数月，意在编写一本真正实用的教师用书。毫无疑问，史蒂夫·斯普林格先生和布兰迪·亚历山大先生都是十分敬业的教师，他们每天面带微笑，精心为学生布置教室，并为每个孩子提供有用的资源。我十分荣幸能够参与本书的编写，用我们多年的教学经验为现任教师和实习教师们提供些许帮助。

目前，史蒂夫和布兰迪都担任了加州大学洛杉矶分校的兼职讲师，教授班级管理、学科教学和教案准备的课程。您手中的这本书已经成为加州大学教育专业的主要教材。

更重要的是，这本书让我们三人发现，教师是一个能够给人满足和挑战的职业，它能带给你许多名利之外的东西：孩子们的拥抱、笑脸、共同分享零食，还有不变的爱。

加利福尼亚州立大学副教授
教育学博士金伯莉·伯斯安尼

目 录

GO

1

第一天清单

以教师为中心的学校机构图

下图对校园中的成员进行了分类，教师要努力了解你所在学校的人员，因为他们对你和你的学生至关重要。当然，由于学校所在地和学生数量的不同，各个学校的情况可能有些许差别。

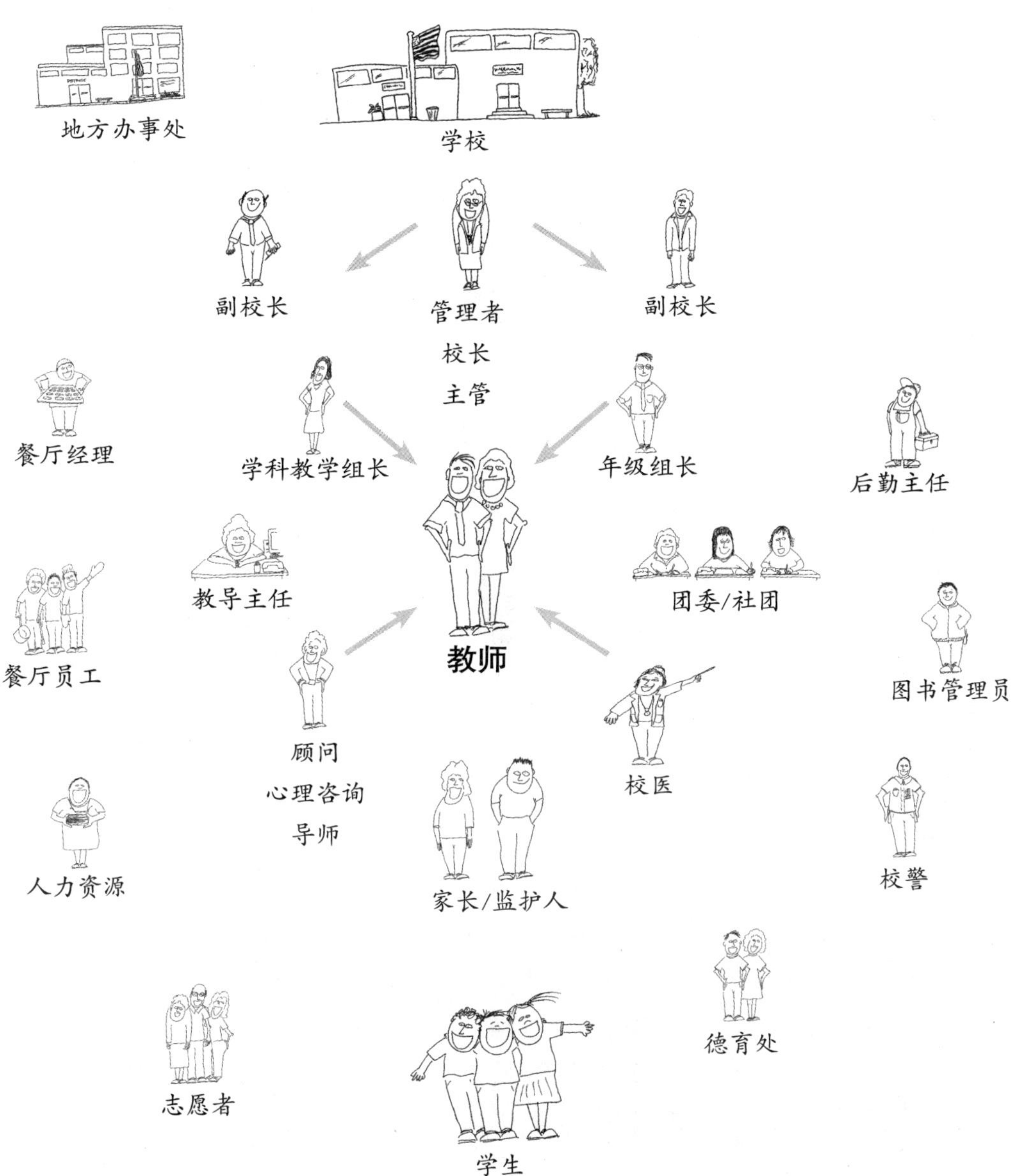

教师解构图

大脑
- 像爱惜身体一样爱惜你的头脑。
- 享受阅读的过程。
- 了解你的标准。
- 紧跟教育和科研趋势。
- 设计大的教学方向。
- 思考的间隙要适当休息，工作之余要有娱乐和放松！

眼睛
- 关注和保护学生。
- 感知——意识到学校周围的环境和校园“文化”。
- 观察——“读取”学生的表情和心情。

声音
- 能够让学生听到你的声音。
- 提供正确的语言使用方法。
- 通过你的声调表达情感和喜好。
- 注意你的音量——尽量不要大声喊。

耳朵
- 认真倾听。
- 倾听来自学生的声音。
- 倾听来自同事的声音。
- 倾听来自家长和监护人的声音。
- 欣赏音乐！

双手
- 教师是天生的给予者。
- 每天和你的学生握手或拍拍他们的背。
- 给予学生积极的学习体验。
- 通过双手来学习（动觉学习）。

心脏
- 创造一个充满爱和关怀的环境。
- 每天锻炼。
- 给予并接受许许多多的爱。
- 相信自己。
- 相信你的学生。
- 热爱你的事业。
- 无私奉献。
- 爱你的家人。

姿势和平衡
- 站姿挺拔。
- 对你正在改变他人的一生感到骄傲和幸福。
- 表现出力量和对生活的强烈兴趣。

胃
- 吃健康的食物。
- 为你的学生培养良好的营养观念。
- 相信你的直觉。

双腿
- 做一个实干家（动起来）。
- 不断在教室里走动。
- 为有特殊需要的学生提供额外帮助。
- 这里是你力量的基石，打好基础至关重要。

教师们往往忘记了：我们才是教室中最重要的元素。没有我们，学习就无法继续进行。所以教师们要多多关注自己的身体，避免超负荷运转。请适当休息，休息时不要老想着工作。记住，你和你的身体健康对学生的成功至关重要！

必要的提醒

如今的教师面临着许多方面的挑战，特别是与法律有关的问题，而这些都可能是轻松避免的，因此有必要对教师这一职业的从业者做出一些提醒，从而避免可能发生的问题。你也可以了解学校和地区的政策、咨询其他教师或工会代表的意见。有时候，光凭直觉是行不通的。

1. 绝对不要在关着门的教室内与学生独处，尽量保持教室门呈打开的状态，最好有其他学生在场。
2. 在没有得到家长/监护人签字的合法授权时，绝对不要将学生的照片、录影或录音用在教学以外的用途。学校和地区可能有授权协议书的要求标准，咨询其他人如何操作。
3. 对教室中的任何零食都要加倍留意，有的学生可能会有过敏问题，花生、奶制品等都可能是过敏源，因此要了解你学生的状况！
4. 绝对不要攻击或用力抓学生，任何你和学生之间的友好行为都可能被曲解为其他的意思。
5. 在没有得到允许以及没有为学生准备紧急联络信息的时候，绝对不要带任何学生离开学校，你所在的学校应该有郊游相关的表格，咨询是必要的。
6. 绝对不要让学生跟从任何没有得到学校办公室官方认可的人离开，办公室存有可以接学生回家的人的名单。
7. 在学生的表现或健康出现问题时，把对学生情况的说明记录下来，报告给办公室。为了保护自己，要多留存此类的文件。
8. 在没有得到学校或地区许可的情况下，不要举行募捐活动。为了保护自己，要先征得同意后方可行动。
9. 熟悉你的工会代表，他或她可以帮你解答合同问题，也可提供一些资源，说不定哪一天你会需要他们的帮助。
10. 永远不要止步不前，要时刻保持知识的新鲜度，跟上时代的步伐，因为这就是你的工作！

各年级学生特点

幼儿园学生

- 能够描述自己的需要
- 只关注眼前或有些自私
- 注意力持续时间较短
- 学着适应小组合作
- 学习正确的运动技能
- 需要循序渐进的指导
- 对自己的经历最为熟悉
- 喜欢唱歌、跳舞和角色扮演

一年级学生

- 不能同时处理多个任务
- 能够有效地进行小组合作
- 意识到周围其他人的存在
- 喜欢通过活动、游戏、新奇的故事、跳舞和唱歌的方式学习
- 已经能够投入任务之中
- 能够对自己做的事进行反思，并寻求认可
- 比起陌生的事物，对自己已知的事物更加得心应手

二年级学生

- 能够独立和自理，但仍需要他人认可
- 开始辨认周围环境的细节
- 感知到自然和生物的存在
- 喜欢冒险，对自己的能力变得自信
- 乐于了解事物怎样、为何按照现有的方式运作
- 感知到新的事物，如电视、广播、电影、衣服和玩具

三年级学生

- 对学习新事物充满热情
- 能够自我反省
- 能够感知到情绪
- 能够意识到彼此的不同
- 害怕不被人接受
- 做游戏时有性别偏见，但在教室中可以相互合作
- 开始学着试探底线
- 意识到现实与幻想的区别
- 在写作和艺术方面很有创造性

四年级学生

- 能分出真话和玩笑的区别
- 意识到能力水平的不同
- 能与他人的工作进行对比
- 意识到相同之处和不同之处
- 能感知音乐、电影和电视的潮流
- 挑战规则的底线
- 有了具体的喜好，包括学科领域
- 对自己的行为负责
- 懂得自我反省

五年级学生

- 喜欢在想法和作业上有所独创
- 愿意承担可能具有挑战性的责任
- 开始变成解决问题的人
- 能够与同龄人或小组协作
- 喜欢动手制作有形的物品
- 发现同学中有人在艺术、数学和运动等领域超过自己时会感到沮丧
- 带有性别偏见
- 能够独立工作较长时间
- 在艺术、体育和创造方面的长项和弱项开始凸显

六年级学生

- 对自己的知识有信心，喜欢回答正确的感觉
- 仍然期待新的经历
- 开始形成自己的观点
- 寻求同龄人的支持
- 意识到自己的生理和心理变化是导致情绪波动的原因
- 容易时不时地分心
- 对媒体和娱乐表现出更大的兴趣
- 喜欢远离大人独处
- 对受到表扬的工作表现得更积极

七年级学生

- 表现出对异性的兴趣
- 更加注意自己的外貌
- 越来越独立，希望得到成人般的对待
- 偶尔还会有幼稚的表现
- 逐渐发展出自己的个性
- 感觉到融入小组和被同龄人接受的重要性
- 愿意参与刺激的体验

八年级学生

- 能够意识到别人对自己的看法
- 自觉检验自己的角色和身份
- 荷尔蒙波动
- 意识到对环境的责任
- 对学习和真实环境之间的联系产生好奇
- 认为对作业的批评是对个人的侮辱
- 喜欢与其他人合作完成一件事
- 对抽象的想法感兴趣

学生解构图

大脑
- 每个年级、每个学生的认知发展各不相同。
- 每个学生都是独一无二的。
- 学生分为听觉、动觉和视觉学习者。
- 创造力是十分重要的，应多多给予学生发挥创造力的机会。
- 学生意识到可以决定自己的表现。
- 学生的注意力时间随年龄而增长。

眼睛
- 学生需要每年检查视力。
- 有视力问题的学生应该坐在前排。
- 检查哪些学生戴眼镜。
- 休息时把眼镜取下，避免受伤。
- 作为科学的一部分，学生们要学会观察。
- 教会学生留意他人的需要。
- 视觉学习者通过眼睛来学习。
- 学生们会效仿你树立的榜样。

耳朵
- 课程中丰富的语言经历帮助学生增长词汇。
- 听别人阅读至关重要，听能够促进对阅读的热情。
- 友善的话语可以伴随孩子一生。
- 古典音乐是帮助学生平静的良方。
- 比起大喊大叫，学生们更接受低沉、冷静的声音。

声音
- 学生们应该表达自己的想法。
- 老师放慢讲话速度或做示范有助于学生们学习正确的发音。
- 室内与室外的音量不同。
- 动口不动手。

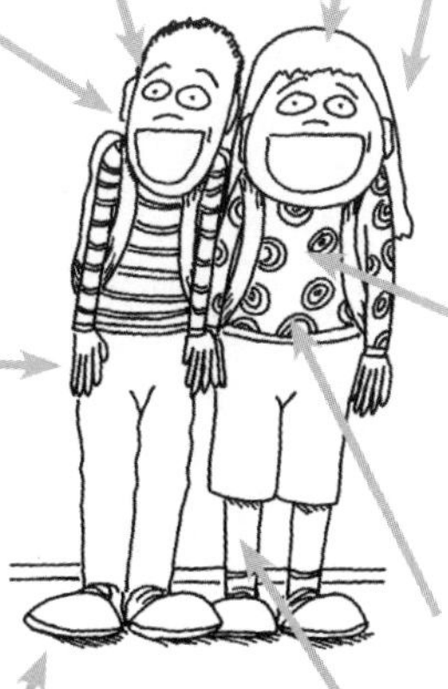

双手
- 动觉学习者通过活动和动手来学习。
- 学生们应该学会管好自己的手。
- 通过布置工作和任务让学生们明白帮助他人带来的满足感。
- 学生应学会举手提问，而不是大喊大叫。

心脏
- 每个学生都喜欢健康的感觉。
- 学生需要爱和尊重。
- 学生们喜欢规则和一致性。

胃
- 合理的膳食能提高学习效率。
- 饿肚子的学生容易分散注意力。

双腿
- 学生需要跑步和锻炼。
- 在离开教室时，让学生们结伴而行。
- 记住要让孩子们在适当场合换鞋。

姿势/平衡
- 学生要保持正确坐姿，以便血流顺畅和高效的学习。
- 学生的每一天都要保持平衡。在学习中加入活动，避免一直坐着，偶尔让他们动一动，喜欢多样性是孩子的天性。
- 学生因自己的身高自豪和自信。
- 学生们仍然在分辨自己是谁，以及自己在世界中的位置。每个学生都有自己的故事。

开学前准备清单

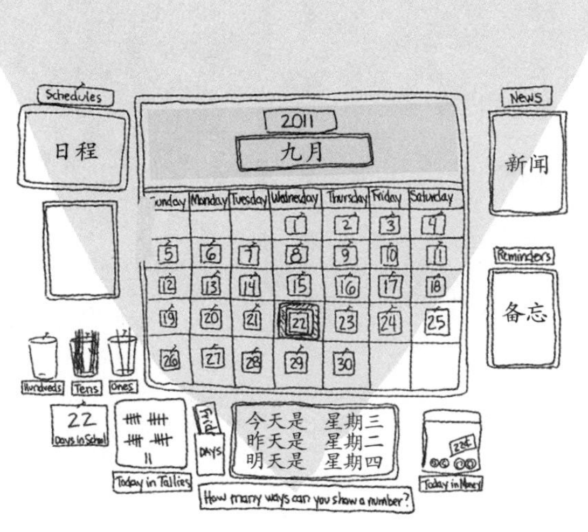
Schedules
日程
2011
九月
News
新闻
Sunday Monday Tuesday Wednesday Thursday Friday Saturday
Reminders
备忘
Hundreds Tens Ones
22
Days in School
Today in Tallies
DAYS
今天是 星期三
昨天是 星期二
明天是 星期四
Today in Money
How many ways can you show a number?

教室设计准备清单

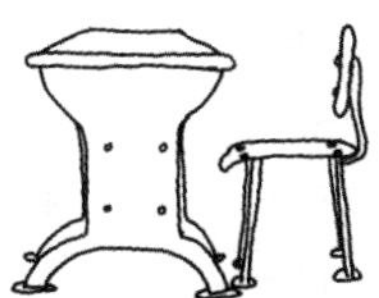

☐ **课桌摆放**（到黑板的距离相同）

☐ **讲台**（摆放教师所有材料的地方）

- 订书机
- 胶带
- 水笔、铅笔
- 马克笔
- 笔记本

- 参考材料
- 文具申请表
- 订书钉
- 回形针
- 大头针

☐ **学校活页夹**（学校提供或自己准备）
- 点名册、日历
- 日程表、应急计划、教师/班级列表
- 学校计划/政策，纪律规定

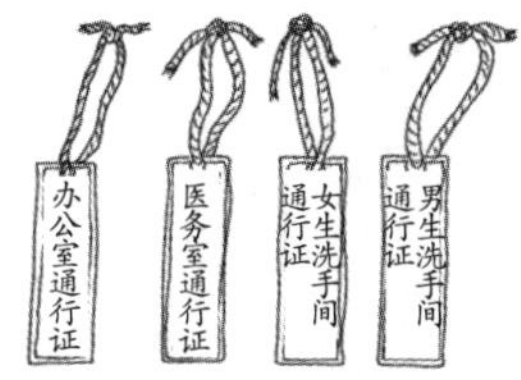

☐ **通行证**（办公室、医务室、男生和女生洗手间）
- 用纸板和绳子做成。
- 标记房间的门牌号（如果有需要，可以画上图案）。
- 做成薄片（参见模板）。

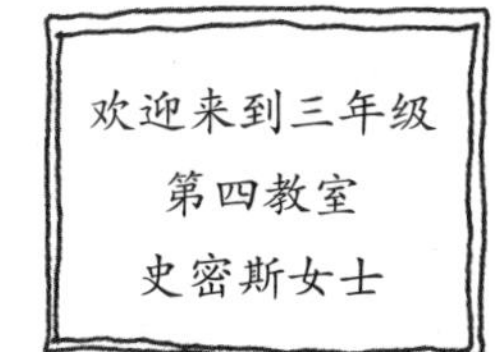

☐ **欢迎标语**
- 在开学的最初几天里，教师需要将班级的欢迎标语贴在门上。

☐ **公告栏**
- 开学初的几天里用黑色帆布制作有边框的公告栏。
- 开学初的几周内制作完成，以后大约每六周更新一次。
- 内容划分：数学、英语、语文、历史、地理或科学（有需要的话可以另选）

☐ **日历**
- 很好的学习工具。
- 挑选教师习惯的日历形式。
- 也可以购买口袋日程本。
- 学生可以按照每月的主题制作相应的数字或为数字涂色。

☐ 初级工具站

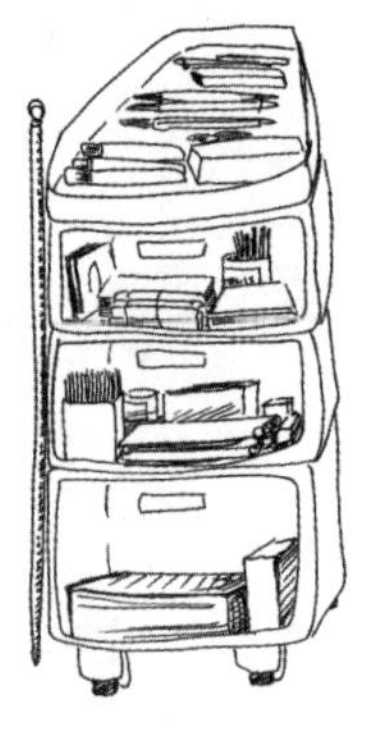

- 订书机、订书钉、剪刀
- 透明和不透明胶带，纸巾
- 马克笔、铅笔、水笔、板擦、白板或图表纸
- 回形针、便利贴、便条
- 单词卡片或记忆卡片
- 横格纸和白纸
- 备用的水笔、铅笔、马克笔

☐ 衣橱（存放外套和背包）

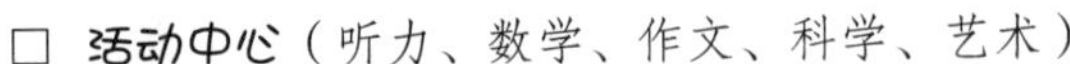

☐ 活动中心（听力、数学、作文、科学、艺术）

- 每次介绍一个（每周一次）。
- 全班参与和实践。
- 建立中心规则。
- 选择不同的活动。

☐ 图书角

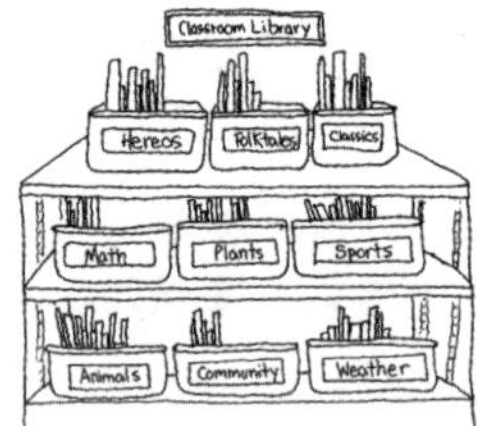

- 根据类别或主题进行分类。
- 放在箱子里或用纸板隔开。

☐ 游戏柜

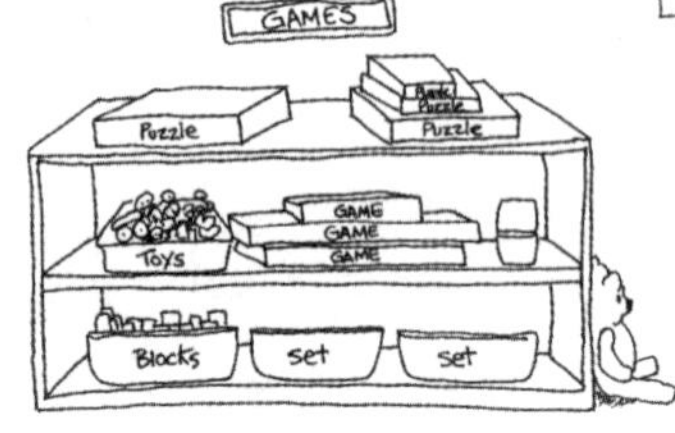

- 在固定地点组织游戏。
- 每次介绍一个游戏（每周一次）。
- 确立游戏规则和次数。

☐ 电脑

- 确立电脑使用规则。
- 分批为学生讲解。
- 组织电脑小搭档。

☐ 教具柜

- 在固定地点存放教具。

☐ 书桌整理箱

- 蜡笔（存放在密封袋中）、书、教具、记忆卡片

□ 写字板

- 教师姓名
- 学生人数（男生、女生、总数）
- 板擦（粉笔擦或干布）
- 日期
- 助教姓名
- 马克笔或粉笔
- 清洁喷雾
- 教室门牌号

教师：史密斯夫人 2004年9月 日
助教：琼斯先生
三年级 第四教室
男生
女生
总数
表现记录

□ 教室规定

- 为全班建立3至5条规定。
- 通过提问来引导学生。
- 规定应该简单、明晰、易懂。
- 强调良好行为表现的结果（避免说“不许”）。

我们的教室规定
1.
2.
3.

□ 日程安排

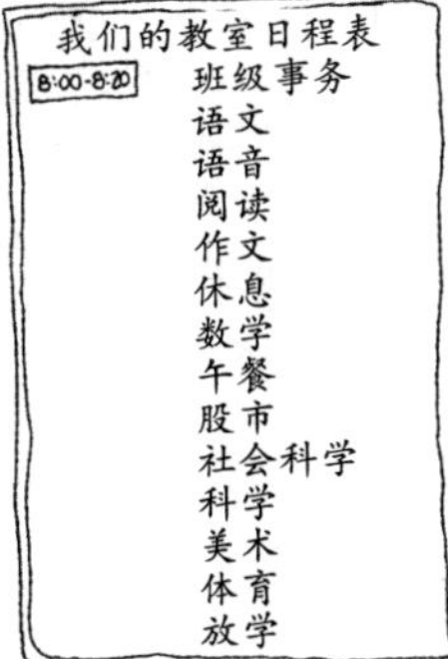

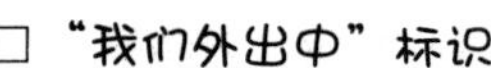

- 参考地区或省份的时间规定（例如，体育课每周90分钟）。
- 参考同学年其他教师的日程表。
- 使用课表卡/可粘贴的时间卡掌握起来较为灵活。
- 制成薄卡片。
- 每天在写字板上贴出（不同主题的）新日程表——参考学校的标准。

抱歉外出中！
我们 在休息
三年级 第四教室

□ “我们外出中”标识

- 抱歉外出中！
- 我们在休息
- 三年级 第四教室

□ 学生表现表格

- 学生共同为小组命名。
- 强调表现好会怎么样。
- 用刻痕计数来记录小组的表现。
- 在每天课程结束时奖励获胜的小组。
- 将好的表现记录下来。
- 提醒学生还有未完成的任务。

迎接学生准备清单

☐ 学生姓名签（一年级）

（学生姓名，教师姓名，教室）

☐ 书桌姓名签（学生姓名）

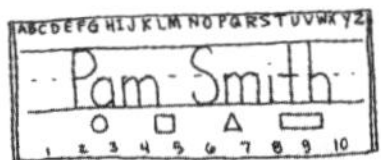

☐ 写字工具

铅笔　　彩色铅笔/水笔

荧光笔　蜡笔

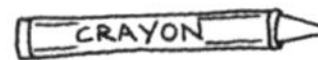

☐ 纸

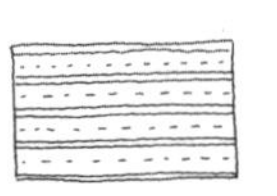

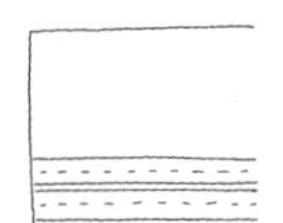

横格纸　　故事纸（二年级）

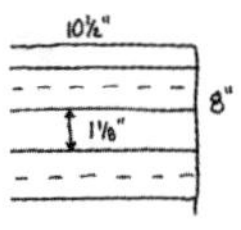

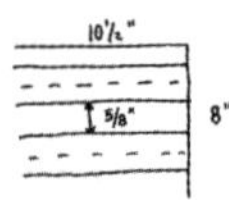

幼儿园　　一年级

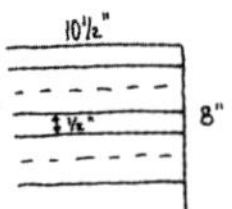

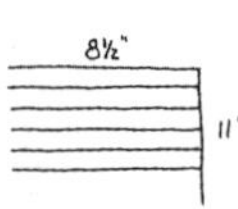

二、三年级　　四、五年级

☐ 课本或练习册

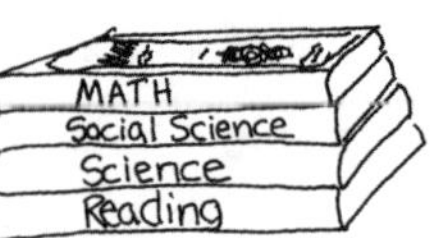

☐ 日记本

（学校提供或教师自行制作）

☐ 家庭作业夹

幼儿园和一年级的作业夹中可包括：

- 字母表、数字
- 常见词
- 颜色
- 形状

三至五年级的作业夹各不相同

☐ 学生信息和紧急联络卡

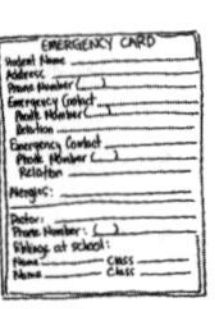

☐ 欢迎信

- 欢迎/总结
- 日程
- 学年概况
- 家庭作业
- 出勤
- 纪律
- 课程

教师教学准备清单

☐ 移交文件夹

- 存放所有移交文件。
- 每年设一个新的文件夹。
- 保留三年。

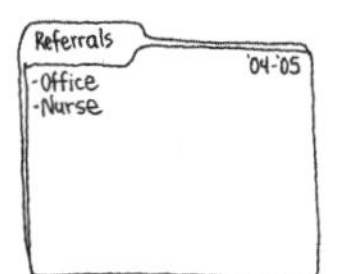

☐ 备注文件夹

- 存放来自家长的所有回信。
- 每年设一个新的文件夹。
- 在出勤记录上标注请假事由。
- 保存三年。

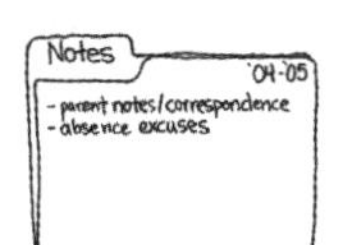

☐ 家长免责声明文件夹

- 存放所有正式免责声明表格（测试、郊游等）。
- 每年设一个新的文件夹。
- 保存三年（合法文件）。

☐ 移交文件

- 办公室和医务室移交表格
- 法律文件

☐ 考勤登记表

- 询问学校的出勤政策。
- 在学生第一天上学时登记。
- 记录所有的缺勤。
- 记录缺勤事由并放入文件夹（查阅学校政策）。

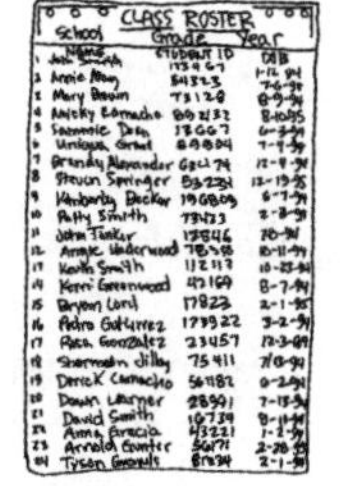

☐ 个人信息或紧急联络卡片

- 存放在办公室。
- 查阅学校或地区政策。

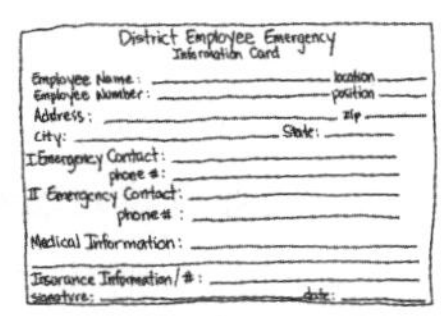

☐ 水笔

- 黑色适合正式书写。
- 紫色/红色用来打分。

☐ 铅笔

- 2号铅笔用来填写正式表格。
- 准备一个好用的橡皮。

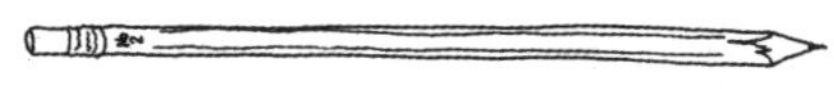

☐ 分类马克笔

- 用来写海报和卡片的水性马克笔
- 板擦
- 荧光笔

☐ 记号笔

- 永久记录
- 适合画插画
- 适合勾轮廓

☐ 白板马克笔

- 可以用水和纸巾擦掉。
- 用于白板或图表（例如，学生表现表格）。

□ 胶带

透明胶带

- 一般粘贴使用

不透光胶带

- 粘得更牢固

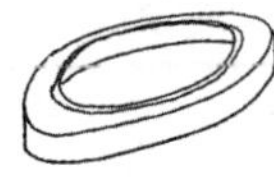

书籍装订胶带

- 装订和制作文件夹

封箱带

- 艺术和表格粘贴
- 文件夹装订

□ 胶水

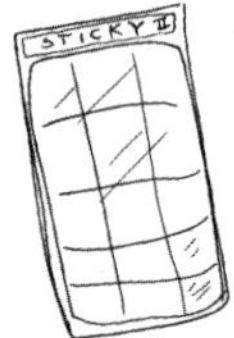

□ 订书机和订书钉

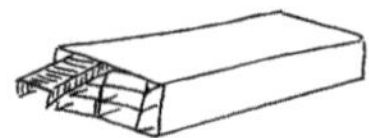

□ 回形针

□ 便利贴

- 非常实用
- 标注、书签、学生公告、教师评语

□ 便条纸

- 便于其他教师和家长等写便条

□ 剪刀

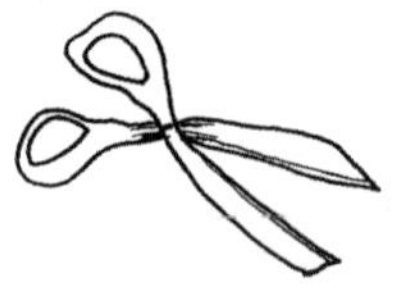

□ 信笺

- （划线或不划线的）厚纸张
- （折叠或装订好的）海报、表格、文件夹

□ 句子条

- 写句子的小条
- 公告栏、口袋图表
- 表格、排序、标记等等

□ 单词卡

- （记忆卡片或单词墙形式的）单词卡
- 词汇、拼写、常见词、名签

□ 教鞭

- 能够作为跟读和阅读的辅助工具

□ 直尺

YARD STICK

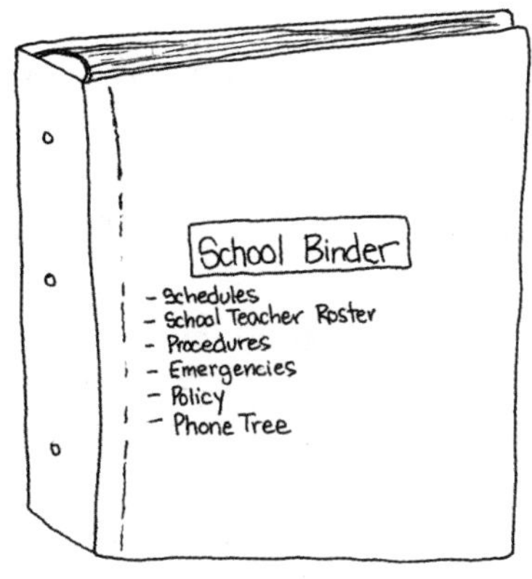

□ 教师/教室清单

- 十分必要
- 便于联系其他教师

□ 学校规章制度

- 了解你所在的学校
- 根据学校的规定制定纪律
- 日程：雨雪天气提前放学
- 放学：正常或提前
- 操场和午餐规定

□ 应急对策

- 了解你所在学校的应急预案
- 应急路线图和出口
- 急救箱

□ 学校政策

- 学校之间各不相同
- 了解你所在的学校和法律
- 教室访客登记制度等

□ 员工通讯录

- 非常实用
- 代课教师的好帮手

□ 教师手册

- 非常棒的资源
- 花些时间了解教师手册和课程设置
- 咨询其他教师如何使用手册

□ 课程计划

- 注意！计划非常重要！
- 每周更新一次——它们可能会成为测验的一部分
- 可以使用目标、激励、活动、跟进、标准、评估（查阅学校或地区要求）
- 不断调整你的计划，使之达到要求并符合你的个人风格和喜好

□ 成绩册

- 有必要记录分数和测验
- 是记录学生进步的证明
- 测验、留级谈话和家长会需要
- 养成每周记录的习惯

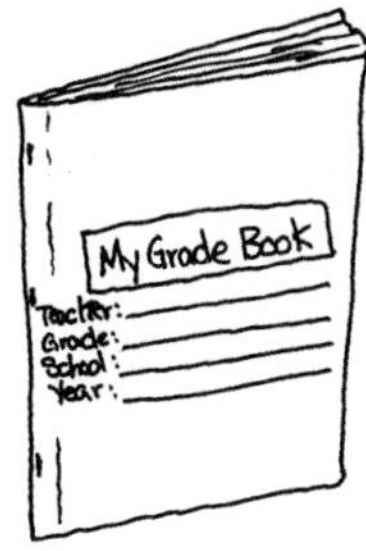

家长会准备清单

以下的内容会对你准备家长会有所帮助，但由于学校的要求和个人风格不同，这里的建议仅供参考。

评分标准

应该张贴在显眼的位置并且让人一目了然，如果你所在的地区没有设立评分标准，那么你也可以用它来描述评分和作业打分的要求。

教室规定

优秀的教师都会在教室内设立教室规定表，表格形式可以是多种风格的，但切记要简明易懂。

教学材料

应在教室内张贴所有的教学进步情况和完成的任务，有序而丰富多彩的展示能够让家长眼前一亮，并对你留下良好的印象！

图书

针对家长的返校让家长/监护人能够有机会了解学生阅读的图书和使用的教科书，而展示图书和教科书的做法，还能对家长为孩子购买家庭图书起到指导作用。

教学预期

开启新学年最好的方法就是跟家长/监护人明确你的目标和期望。而为了更好地强调这一点，你需要将目标清楚地列出来并分发给每位家长。有了他们的配合，学生的学习也会更上一层楼。

饮料和零食

提供饮料和零食有利于会议顺利开展，同时能够保持轻松愉快的气氛，这也是返校夜成功的关键。

学生作业或作业夹

如果可能的话，最好把学生最新的评估和作业样本摆放在书桌和家长/监护人方便拿到的地方，这样能够让家长/监护人了解学生的学习情况。在时间允许的情况下，还可以与家长们开展小型的讨论会，谈谈你的感受。

活动或学习中心

应该保持各个学习中心干净整洁，并且最好用标签说明各个中心的名称和材料的使用方法。同图书的作用类似，这能够帮助家长从视觉上了解教学进展情况。

家长会清单

- □ 家长签到
- □ 零食和果汁
- □ 行程表（晚上的活动）
- □ 材料（教学预期、家庭作业要求、每日日程表等）
- □ 桌上的名签
- □ 最新的公告栏（学生作业、日程等）
- □ 公告栏上的教学和评分标准
- □ 张贴行为标准和惩罚措施
- □ 书桌和讲台干净整洁
- □ 教室整齐干净
- □ 箱子等杂物整理好
- □ 展示教科书和学习材料
- □ 学生评分和评估
- □ 学生作业夹（作文、数学、评分等）
- □ 高质量的学生作业样本
- □ 黑板干净
- □ 日历上月份和日期正确
- □ 展示电脑和软件
- □ 教师独特的方面

家长会邀请函

家长您好！

日期：______________________

尊敬的___________先生/女士

真诚地邀请您参加家长会，我仅占用您一点儿时间来探讨一下过去一年学生的学习情况及新学年的预期、作业以及学习目标，十分期待您的参与，这将对您孩子的进步起到积极的影响！日期和时间是_______。

期待与您会面。

十分感谢。

（请将下面的内容填好后交回学校）

□ 好的，我可以参加！

□ 抱歉，我不能参加。

姓名：______________________________

电话号码：______________________________

学生姓名：______________________________

家长会签到表

教师：________________ 教室：________________

日期：__________ 年级：__________ 时间：__________

日期	学生姓名	家长姓名	电话

家长会注意事项

下面列出了一些针对家长会面的提示。对于教师来说，与家长的会面可以成为十分有利的激励手段。教师不仅可以从家长那里了解学生的更多情况，也可以跟家长分享学生的在校表现、对学生的担忧，有利于家长和教师在学生教学中的合作。

- 在对家长提出担忧前，先试着与家长/监护人建立积极的关系。
- 倾听家长/监护人的谈话。
- 避免用负面的方式批评孩子。
- 准备好孩子的评分、作业样本和报告卡，以便与家长沟通。
- 努力与家长/监护人合作来教育孩子。
- 避免使用含有负面评价的词语，如笨、懒、蠢或坏。
- 记住，用积极正面的方式与家长/监护人沟通，让他们成为你教学的帮手。

家长约见周历

尊敬的家长/监护人：

我们正在安排家长约见，以便与您沟通孩子的学习进展。您的孩子和我都十分期待与您分享在学校所学的内容，这是我们相互增进了解，并对孩子给予认可的机会，所以真诚地希望您能前来参加。为了更好安排会面的时间，请在下面的表格中填入您最为方便的时间，并在相应的栏和时间里依次填写第一、第二和第三，我会尽量配合您的时间。安排好后，我将在相应的时间段填上孩子的名字，感谢您的支持，期待与您见面。

此致

敬礼!

教师：____________________ 教室：__________

时间	星期一	星期二	星期三	星期四	星期五
(____分钟)	(日期：____)	(日期：____)	(日期：____)	(日期：____)	(日期：____)
上午					
下午					

3

教室布置范例

幼儿园教室布置

幼儿园教室是举行各种活动的场所，因此它的布局也要符合这一特点。地毯是学生学习的中心，所以它的位置至关重要。学生通常以小组形式开展活动，由一名教师、一名助教或一名家长志愿者来协助完成。设计好活动路线和各小组的位置，可以使活动更顺畅并能减少注意力分散。规定某一路线并沿用该路线有利于幼儿园教室的管理。教师可以参观和观察其他教室的布局，看看哪种方法最好，并思考为什么这种方法比较好。教师间的相互交流有助于建立良好的关系并能节省时间！好了，马上去布置一个适合你、你的学生和教学计划的教室吧。

范 例

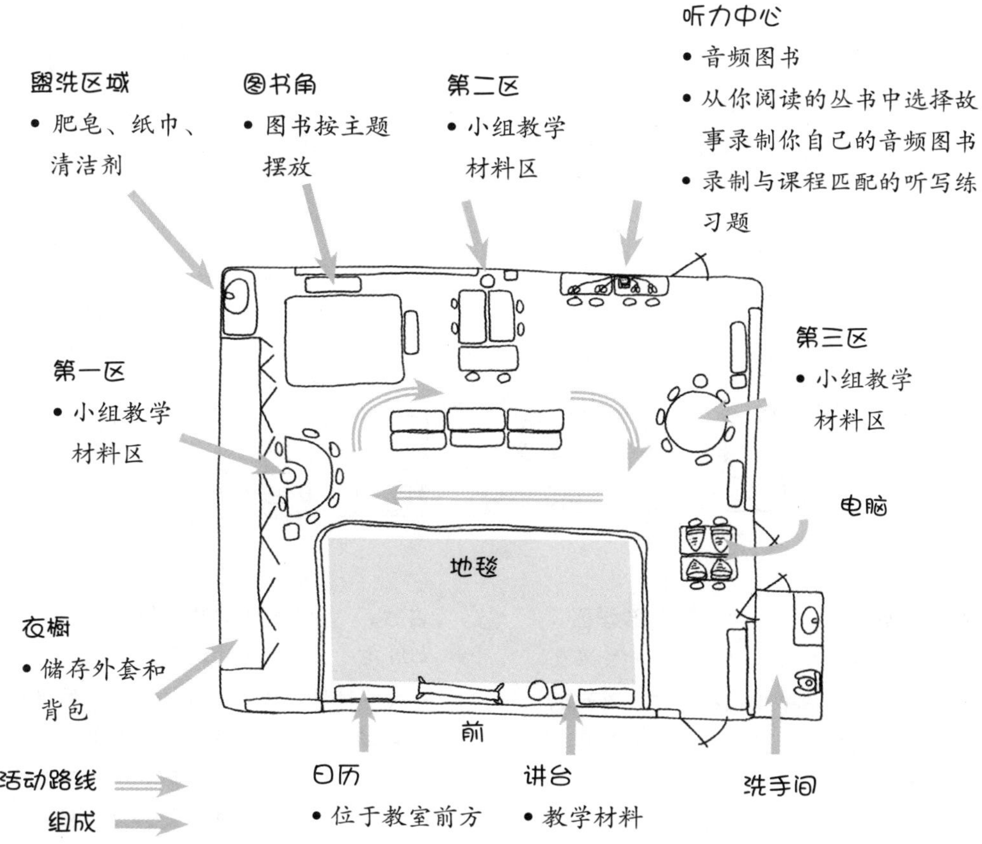

小学教室布置

小学教室是用来进行组织活动的，在布置的过程中，教师要考虑到各个座位离写字板和教学区域的距离要大致相等，还要考虑活动路线，以及个人的教学习惯。一学年中你可以对教室进行几次调整，直到找出适合你的模式。你可以更换学生的座位，以便了解他们的性格和学习习惯。重新布置教室会给你和你的学生带来焕然一新的感觉。

范 例

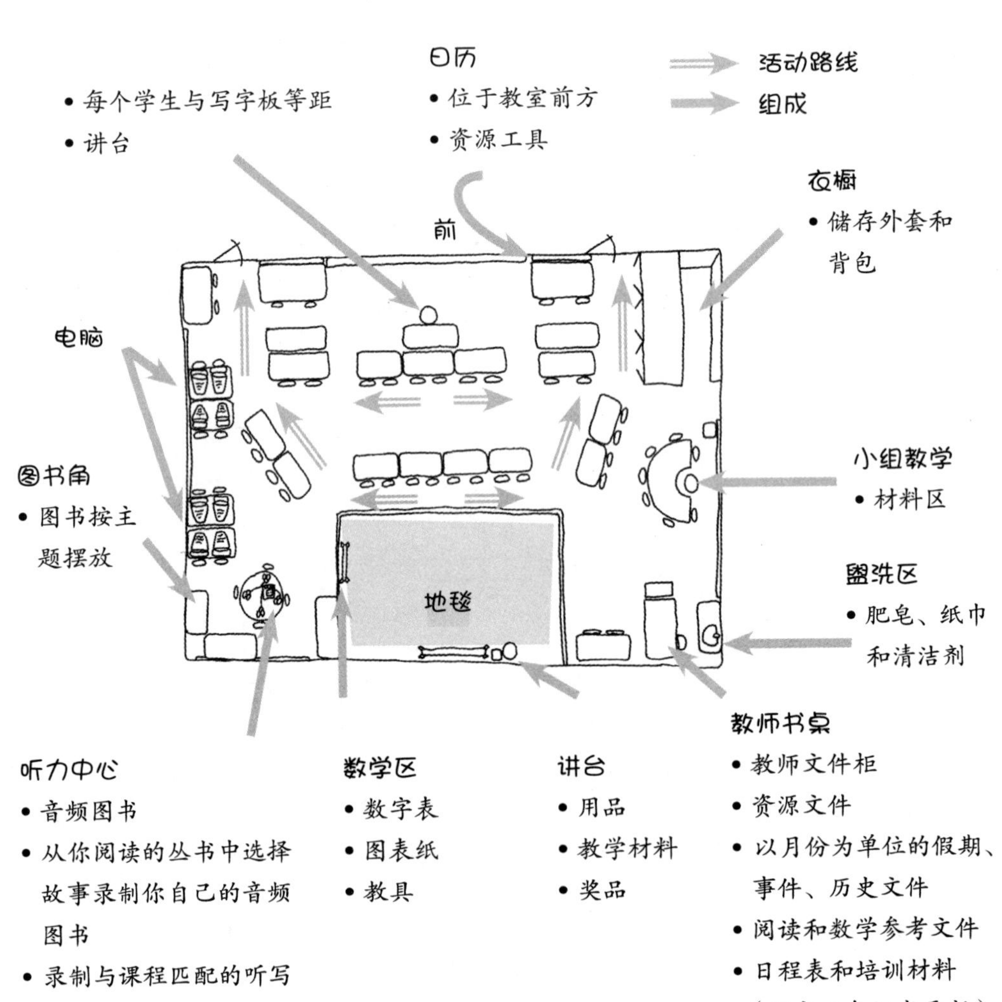

一至二年级教室布置

下面是另外一个一二年级教室布置范例，教师同样需要考虑各个座位离写字板和教学区域的距离要大致相等，还有活动路线，以及个人的教学习惯。这个范例将地毯安排在了教室前方，地毯是进行初级教学的区域，对于幼儿园和一年级来说尤其如此，因而它的位置非常重要。

你可以尝试一种布局，看看是否适合你，如果不适合，就改变布局。这些范例仅仅是建议，在布置的过程中，你的教室也会有所不同，同时，你可以参观本年级的其他教室。这些都是学习如何布置教室的绝妙资源。

范 例

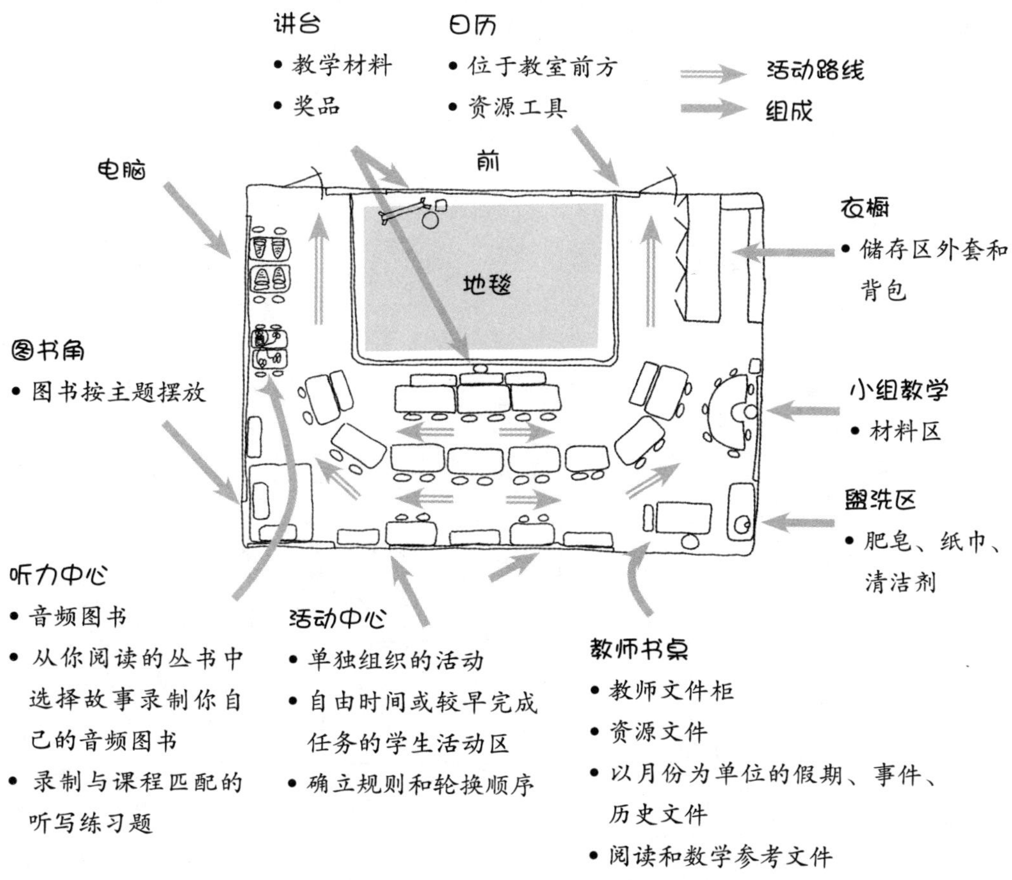

三年级教室布置

三年级的教室不一定要有地毯，但如果有多余的空间也可以放一块儿，地毯将是不错的开会地点。通常学生们是坐在自己的座位上听讲的，同其他任何年级一样，教师需要考虑各个座位离写字板和教学区域的距离大致相等、活动路线，以及你个人的教学习惯。在找到适合你的教室布局之前，你可以对教室进行调整。

下面是一个范例，你的教室在比例和布局上可能有所不同，你也可以或多或少地改变家具的摆放位置。有了这个范例，再加上你的创造力，你就能布置好自己的教室了。参观本年级的其他教室也是十分必要的，这既可以给你提供参考，也能让你了解所在学校的标准。沟通是既高效又省时的途径。

范 例

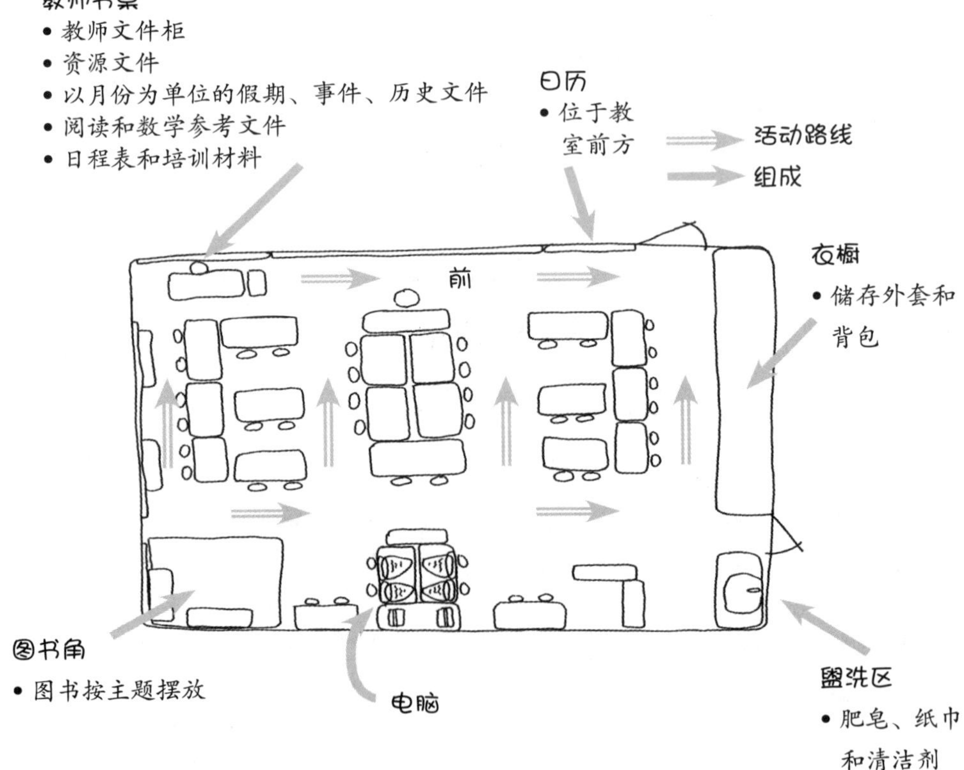

四至八年级教室布置

在四至八年级阶段，学生是在自己的座位上完成学习的。在教学时，需要一把好的椅子（大部分时间，教师要在教室中四处走动，因此教师需要偶尔抽空休息）。你需要考虑各个座位离写字板/教学区域的距离大致相等、活动路线，以及你个人的教学习惯。有了这个范例，再加上你的创造力，你就能布置好自己的教室了。参观本年级的其他教室也是十分必要的，这可以给你参考，并让你了解你所在学校的标准。

范 例

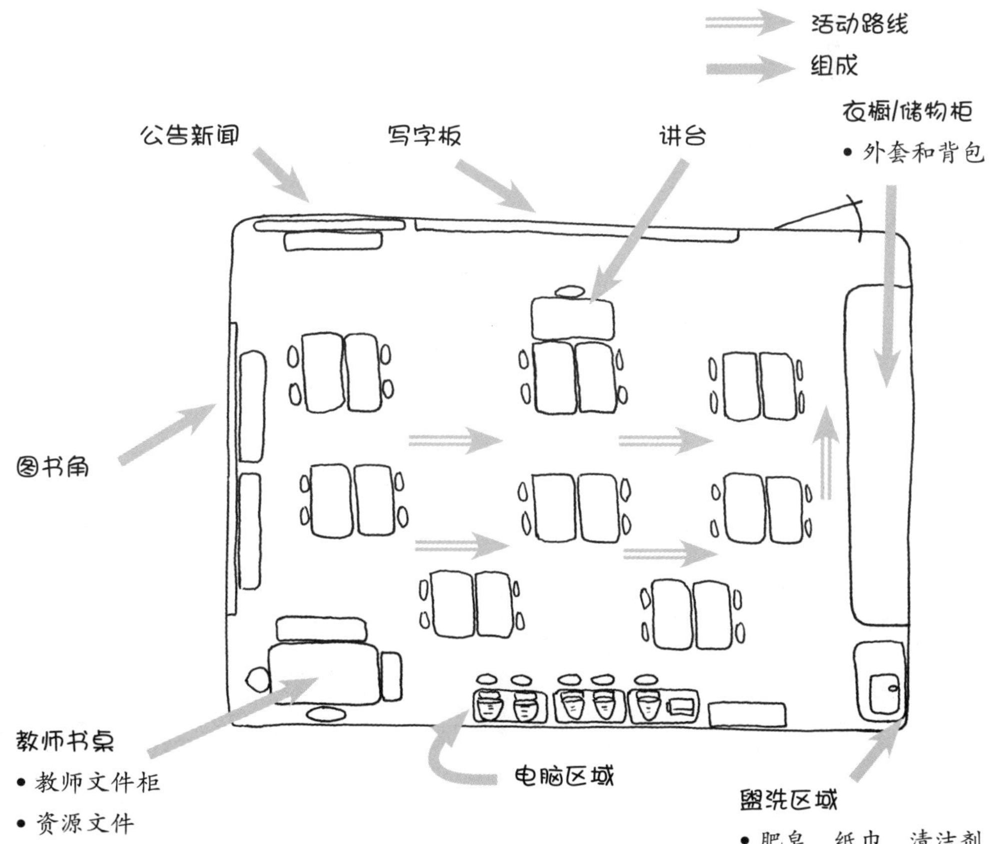

4

班级管理工具箱

日 历

日历是教室中不可缺少的一部分，教师不仅可以用它来教学生识别年、月、日，同时也可以把它作为每天巩固数学技能的有利工具。低年级的班级可以使用日历来复习数字、位值和货币。高年级则可以用它来巩固数学技能，或学习天气和温度。

记住要活用日历。首先从你可以把握的程度入手，然后可以适当地扩大范围。你也可以每天或每周挑选一名学生组织和领导班级进行日历回顾。

公告

- 简便的参照或备忘功能
- 日程表
- 学校公告和新闻
- 日程提醒

天气和温度

- 可以用过去、现在和将来时
- 晴、多云、雾、风、雨、雪
- 炎热、温暖、凉爽、冷、寒冷
- 高年级学生还可以加入温度、风速和气压值等
- 可以在教师用品店或玩具店买到天气教具

位值

- 个
- 十
- 百
- 每天分类一次
- 小的杯子集满就放入下一个杯子
- 记下数字
- 可以使用纵列的形式计数

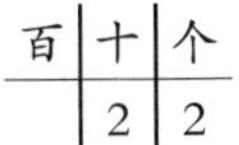

百	十	个
	2	2

硬币工具

- 用货币来表示日期
- “你知道几种表达两角钱的方法？”挑选一个例子用硬币来表示写在纸上
- 多换几种表达方式
- 使用硬币换算图表

过去、现在、将来时，或星期

- 练习动词时态
- 练习表示星期的单词
- 可以扩展到日记的形式
- “用一句话总结每一天。”
  “今天，我在做什么……”
  “昨天，我做过什么……”
  “明天，我要做什么……”

刻痕计数

- 用刻痕记录日期
- 以一或五为单位
- 使用马克笔、厚纸片或便条纸

分工表

把班级的事务分配给学生不仅可以教会他们责任感、帮助你管理教室，还可以使学生们增加主人翁意识。学生们都很喜欢帮忙，所以可以每周轮流进行，让每个学生都有机会尝试所有的岗位。其中一个便捷的管理方式就是小帮手分工表。下面的例子能够对你有所帮助，你也可以咨询其他老师的管理方法。起初，你可能需要对学生们（尤其是低年级的学生）进行培训以便确立规则。

用晾衣夹、胶水等固定

学生可以自己写字和装饰

可以使用口袋图表和单词卡

- 挑选适当的任务。
- 有明确的预期。
- 如果必要或需要外出（办公室监督），把学生组成搭档
- 学生可以自荐工作
- 设立求职过程

日程表

教师需要按照每日行程的分类，在教室中张贴日程表。日程表应分配均匀并能够涵盖所有的课程。每个地区对各个科目的教学时间都有自己的要求，因此你可以核对所在学校的情况，同时也可参看本年级其他教室的日程表，从而设计出符合要求的日程表。有些教师会根据每天的具体情况张贴或在写字板上写出日程表。日程表可随情况进行调整，务必要保证它的灵活性。

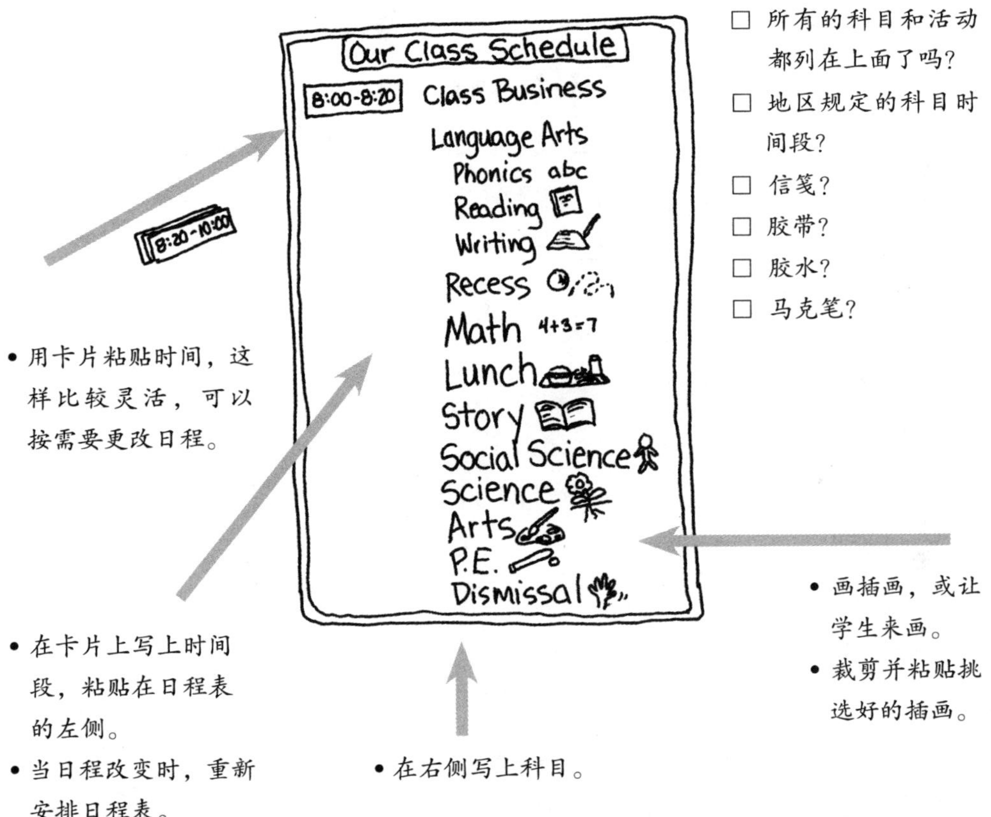

- 参考本年级的其他日程表。
- 有些学校也会要求你每天贴出（带有主题的）日程表。
- 核对地区的时间规定（例如，每周90分钟的体育课）。

门牌和通行证

制作门牌是非常必要的，学校需要时刻了解你班上学生的动向，以防备紧急事件。监护人需要找到自己孩子的时候，门牌也可以帮助学校员工了解在哪儿能找到你。相反，让学校四处寻找你和学生的教师是非常不专业的。你可以使用下面的模板，或者选择自己裁剪，并粘贴在一块硬纸板上，做成带有箭头的门牌。

用双面胶、胶水或回形针固定标签。

把门牌涂色，做成薄片并清楚地标注。

在门附近的墙上贴一个信封，将标签装在里面。

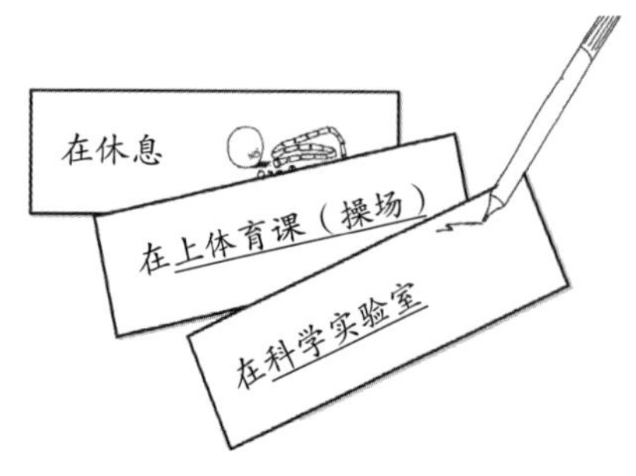

把标签贴在硬纸片上，使用可旋转的箭头指向正在做的事。

可以使用已有标签，或根据学校的情况制作新的标签，最后上色并制成薄片。

抱歉外出中！
我们
教室：　年级：
教师：

门牌

将门牌和地点牌涂色后裁剪，贴在硬纸板上，最后做成薄片。

将门牌贴在门上，这样在你们外出时，校长、家长和其他教师就能知道你们的位置了。

在教室内侧墙壁上贴一个信封，将标签装在里面。

外出时，用胶水或胶带固定标签位置。

门牌非常有用！即使低年级的学生都可以看懂带图画的标签。

在礼堂。	在吃午餐。
在郊游。	在图书馆。
在________教室。	在电脑室。

Boy Pass
男生洗手间通行证
教室：
年级：
教师：

Girl Pass
女生洗手间通行证
教室：
年级：
教师：

Office
Office Pass
Office
办公室通行证
教室：
年级：
教师：

医务室通行证
NURSE
Nurse Pass
教室：
年级：
教师：

文件活页夹

这个文件夹能够帮助你迅速地找到学校的信息和政策，有利于教室的管理。许多学校会给教师提供包含其政策和规章制度的活页夹，而有些学校则是在公告栏上公开这些信息。在一学年中，你可能需要多次查阅这些信息，而活页夹是一个很好的保存文件的方法。在收到新的材料时，要对活页夹进行更新，下面是我们提供的一些建议。

教师/教室列表

- 十分有用
- 能够帮你联系到其他教师

学校规章制度

- 了解你的学校
- 由此制定你的规定
- 纪律计划
- 日程：雨、雪或提早放学
- 放学：正常或提早
- 操场和午餐规章

应急策略

- 了解紧急通道和出口
- 急救包
- 学校信息
- 写方案时常会用到
  学校人数和组成
- 服务
- 资源
- 员工通讯录
- 代课、问题和确认等

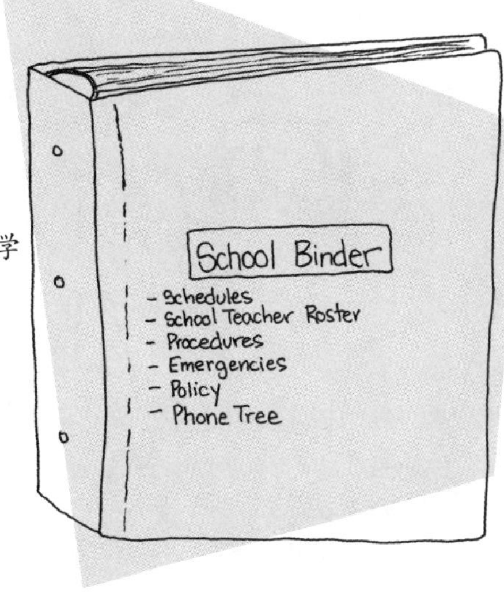

- 三孔活页夹
  （每个孔大约距离5厘米）
- 塑料外壳

学校政策

- 各学校情况不同
- 了解你的学校规定
- 教室访客
- 留级表
- 准许学生离开
- 出勤和缺勤
- 参考和测试

日程表

- 每天上学时间
- 最新的校历
- 节日
- 假期
- 提前放学的日期
- 教师工作日
- 会议
- 报告周期
- 值日安排

教室信息

- 教室列表
- 学生通讯录
- 特殊或退学学生情况
- 成绩报告单

学生书桌整理袋

学生书桌整理袋可以有效管理学生的物品，有的教师会使用箱子、篮子，或者储物盒。你可以参观各个教室，学习其他教师管理学生物品、书本等的方法，而桌面整理箱是其中一个非常有用的工具，因为它可以收纳多种物品，学生也可以共享整理箱。此外，还可以设立“整洁桌面奖”——这也是一个教会学生负责任和彼此分享的绝佳机会。

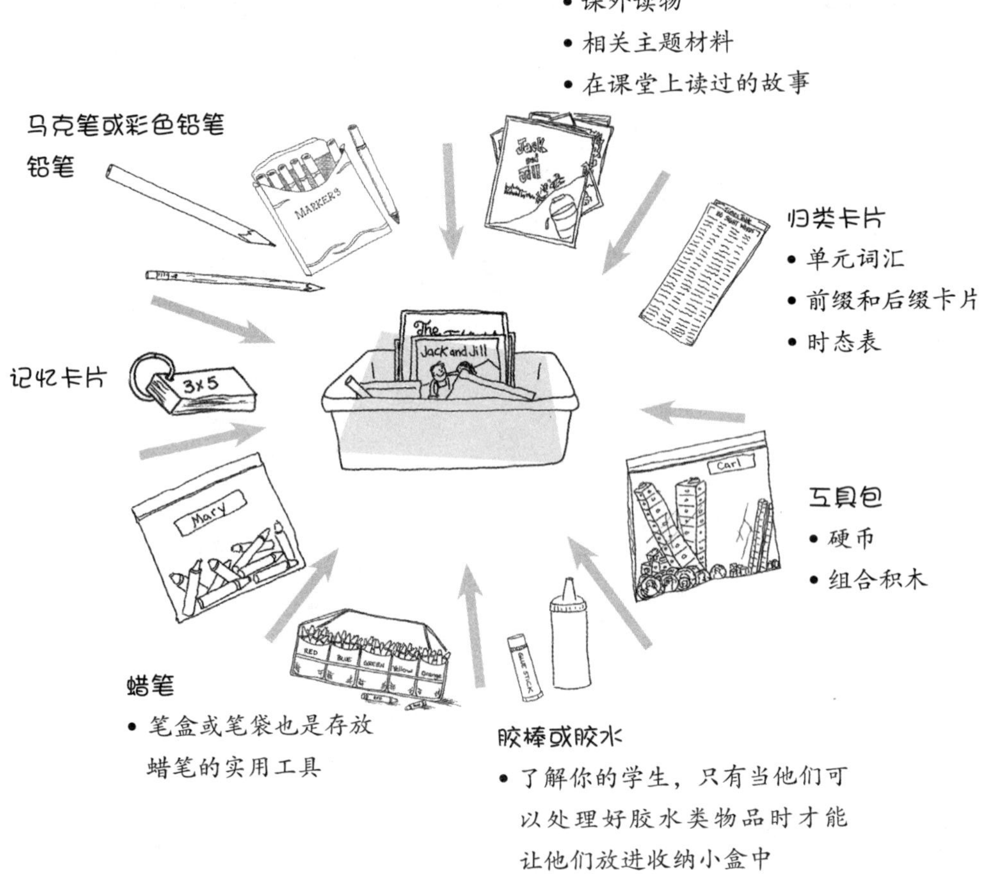

★ 设计你自己的工具（例如，用冰糕棍和豆子做成的位值记录棒）。扣子和通心粉可制作成计数工具，还可以用外用酒精和食用色素给通心粉染上不同的颜色。方法是将酒精、食用色素和通心粉放进一个密封袋中，当染色完成时，将通心粉取出晾干即可。

公告栏

经典公告栏内容

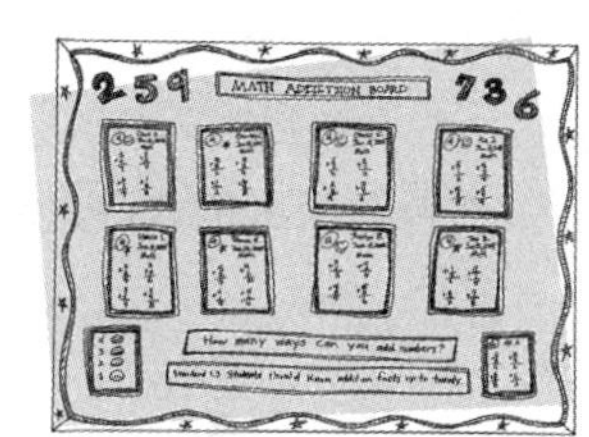

- ☐ 标题（公告栏主题）
- ☐ 学生作业（修改、分数、积极的评语）
- ☐ 开放性的问题（扩展知识面）
- ☐ 评分标准（你所指定的作业评分标准）
- ☐ 教学标准（根据地区教学标准制定）
- ☐ 教师作品样本（学生可以参照）

公告栏制作用具

- ☐ 纸张（如果条件允许，使用彩色或不褪色的纸张）
- ☐ 卷筒纸（作为背景，如果条件允许，也可使用图表纸）
- ☐ 厚纸板或句子条（用来写问题和评分标准）
- ☐ 马克笔
- ☐ 剪刀
- ☐ 订书机
- ☐ 边框（自制或在当地教育用品店购买）
- ☐ 学生作业

如何制作更优秀的公告栏

- 有些管理者偏好颜色一致的通告栏。
- 但要为公告栏增色，就可以使用三种不同的颜色。
- 把学生作业粘贴在两种不同颜色的背景上。
- 如果能用儿童的口吻来书写就再好不过了。
- 公告栏应保持一致（每个公告栏上问题和评分标准都写在同一位置）。
- 试着让学生来设计公告栏。

公告栏图解

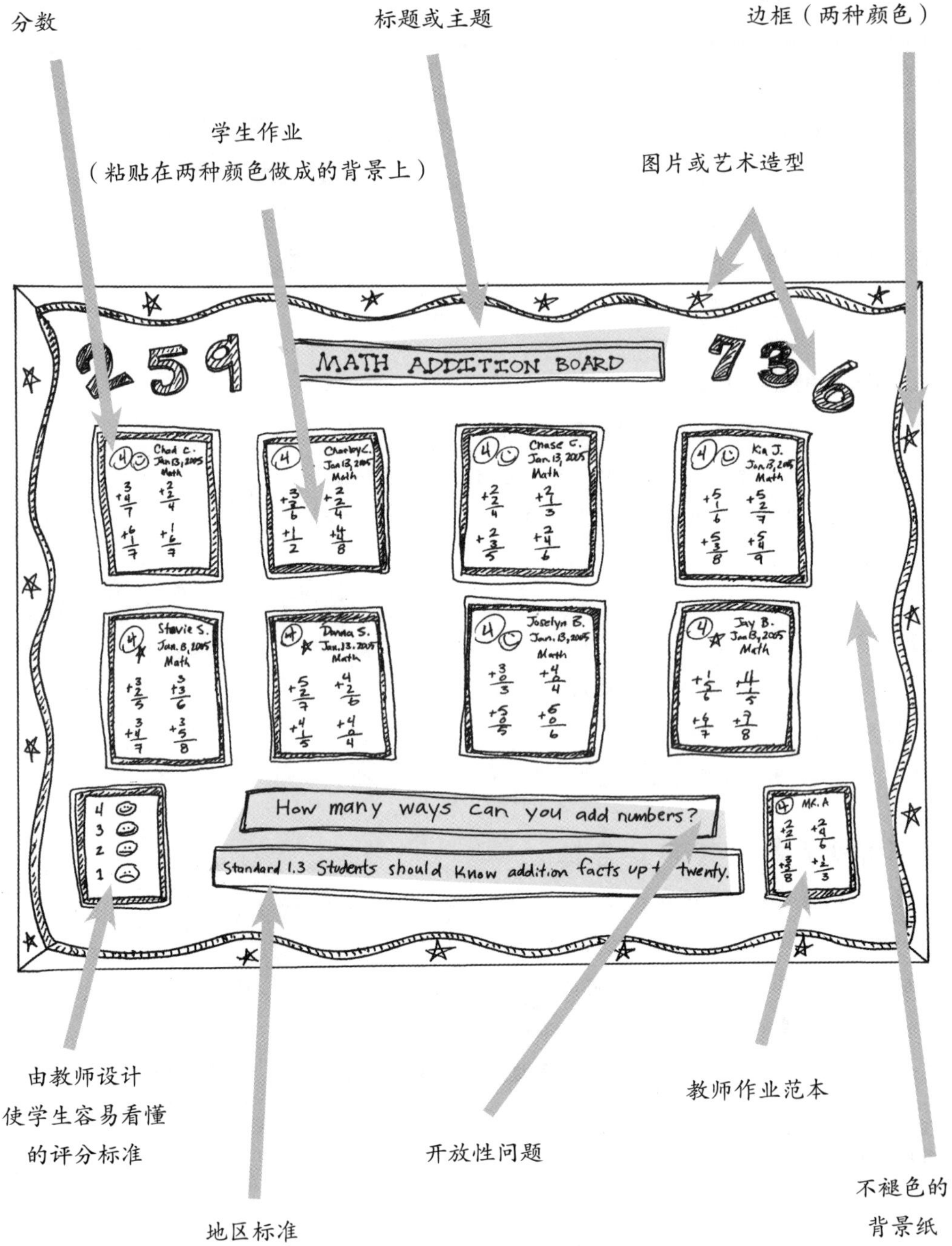

分数

标题或主题

边框（两种颜色）

学生作业
（粘贴在两种颜色做成的背景上）

图片或艺术造型

由教师设计
使学生容易看懂
的评分标准

教师作业范本

开放性问题

不褪色的
背景纸

地区标准

单词墙

单词墙适用于幼儿园到12年级的所有学生，而墙壁上的单词应该跟近期所学的知识相关。单词墙的设计天马行空，也可安排在教室中不同的位置。而至于单词墙的内容，最好按照一定的进度轮流更换，不要太快也不要过慢。随着时间的推移，寻找到一个最适合本班学生的方式。在学生学习单词和定义的过程中，单词墙可以提供持续的参考。同时，把单词贴在墙壁上或图表纸上的方式让单词学习变得更加有趣，并让学生了解单词的重要性，激发孩子学习单词的兴趣。

- 充分利用单词墙——你使用的次数越多，学生看到单词的次数越多。当你想让学生关注某个单词时，单词墙也能成为你的得力助手。墙壁上的单词不必全是新单词，有些词可反复出现，或停留较长时间，寓教于乐，使之成为提高学生词汇量的简单有效途径。如果可能的话，让学生负责更换和编排单词墙，让他们成为单词墙的主人！

- 单词来源：
  数学词汇
  阅读词汇
  常见单词
  拼写单词
  押韵单词
  主题单元词汇
  课堂新词

- 不需要让所有单词都保留很长时间，当学生掌握了一个单词的时候，就可以用新词替换。

单词墙活动

1. 学生可为每个单词画插图。如果学生还没有掌握拼写，画图也能代表他们理解了单词的意思。

2. 在每日口语活动中使用——学生可以把这些单词编入句子中。当学生提早完成任务时，把这项活动当作练习，或在休息时/午餐开始前进行练习。

3. 按字母表顺序排列单词。学生可独立写下来，或用单词条在口袋图表中排列。

4. 测试单词。和拼写测试类似，教师说出相关的定义，让学生写出单词。

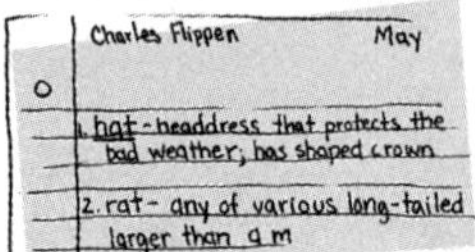

5. 定义每个单词。学生为每个单词写出自己的定义。

6. 每天对所有单词进行讨论。在课程开始前，复习单词墙上的相关单词。

7. 让学生制作自己的记忆卡片。学生可以在卡片的一面写上单词，并配上插画，同时把定义写在背面。

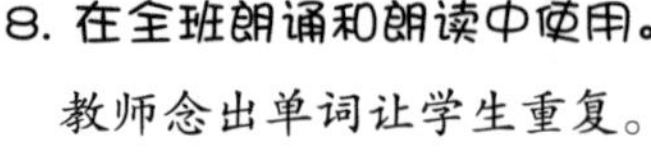

8. 在全班朗诵和朗读中使用。教师念出单词让学生重复。

单词墙位置建议

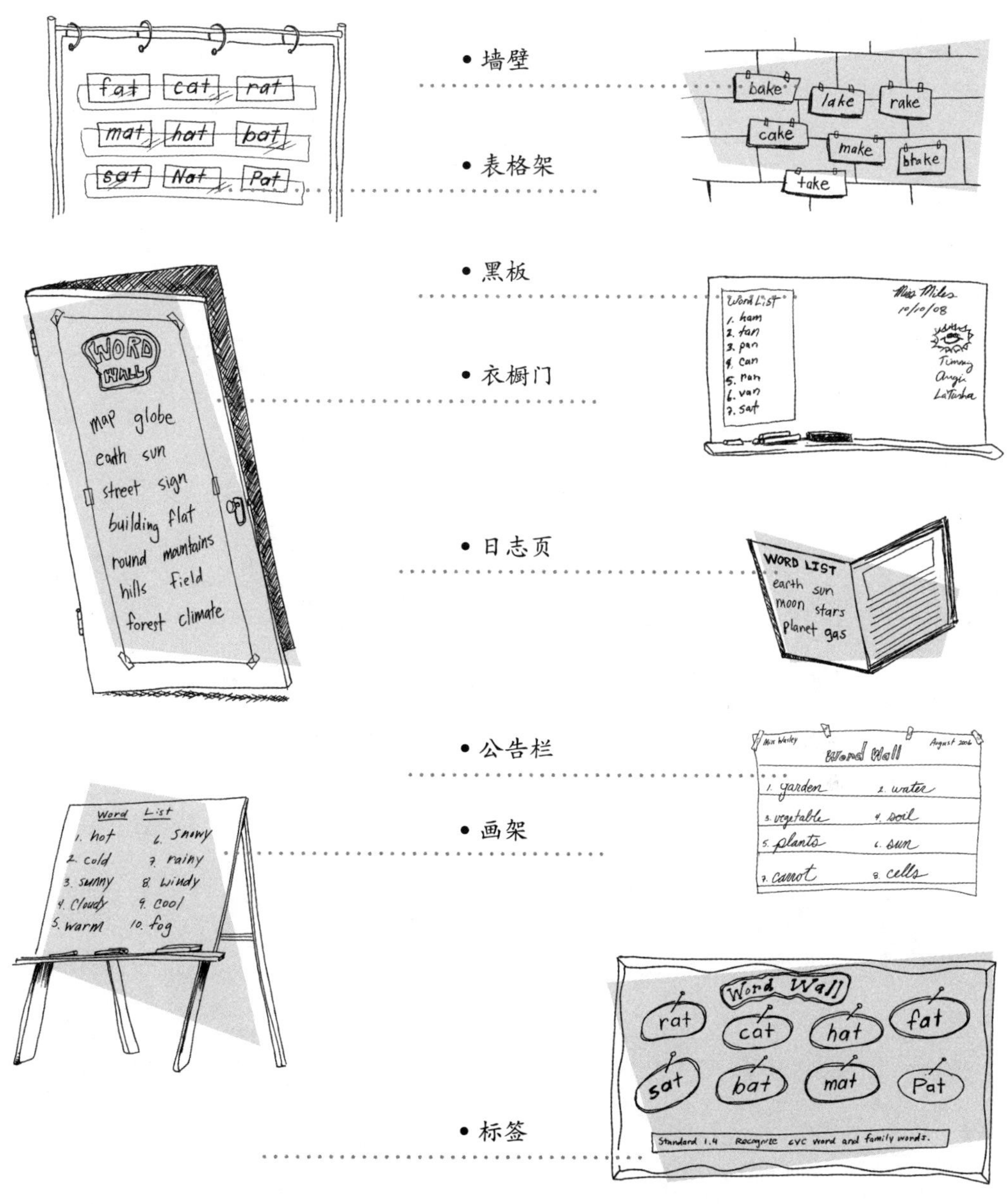

• 墙壁
• 表格架
• 黑板
• 衣橱门
• 日志页
• 公告栏
• 画架
• 标签
fat cat rat
mat hat bat
sat Nat Pat
bake lake rake
cake make brake
take
WORD WALL
map globe
earth sun
street sign
building flat
round mountains
hills field
forest climate
Word List
1. ham
2. fan
3. pan
4. can
5. ran
6. van
7. sat
10/10/08
Timmy
LaTasha
WORD LIST
earth sun
moon stars
planet gas
Word Wall
August 2006
1. garden 2. water
3. vegetable 4. soil
5. plants 6. sun
7. carrot 8. cells
Word List
1. hot 6. snowy
2. cold 7. rainy
3. sunny 8. windy
4. cloudy 9. cool
5. warm 10. fog
Word Wall
rat cat hat fat
sat bat mat Pat
Standard 1.4 Recognize cvc word and family words.

5

行为管理工具箱

Rules
Keep your hands to yourself.
2. Raise your hand
3. Listen while oth are sharing.
4. Wait your turn.
5. Share.

班 规

制定教室行为规则是十分必要的，但规定要简单、明了、易懂。也可以在开学第一天，让学生们一起来制定班规，这样不仅能够增强他们的主人翁意识，也可以让学生明白自己应该怎样做。而且比起别人告诉自己怎么做，学生们更愿意遵守自己设定的规则。低年级教室中，设立三条规则较为合适，而高年级则可以设五条，要注意的是规则应该具体。另外，最好用积极的词语来书写规则——强调“要”怎样做，避免使用“不要”这个词。

过于具体

我们的教室规定

1. 举手提问。
2. 不要打人。
3. 听老师讲话。

稍好些的

我们的教室规定

1. 有事请举手。
2. 管好自己的手和脚。
3. 仔细听别人讲话。

建立班规

1. 和学生讨论规定内容，问他们“我们为什么需要规定啊？”或“我们教室应该有什么规定呢？”
2. 听取全班的建议，并记录在写字板上。
3. 就已提出的建议提问：“如果有了这个规定，要是……会怎样呢？”或“我们怎样换种说法呢？”
4. 投票选出三条全班都认可的规定（高年级的可以有五条）。
5. 将规则手写在海报板上。
6. 为了让它更吸引人，可以加入插画，学生可以涂色甚至绘制插画。
7. 将它做成薄片更方便摆放。
8. 与全班学生一起检查，并将规定摆放在教室前面显眼的位置。

活动

学生们可以记录教室规定并拿回家同父母分享。

可以让学生负责制定不遵守规则的惩罚方法。

学生可以编写一则故事来描述一名不遵守规定的学生。

学生行为管理机制

在课堂上制定一些学生表现管理机制往往十分有效，因为学生们都喜欢奖罚制度。你也可以选择适合自己的表现管理机制。有了这些机制，不仅可以促进学生更积极地表现，也可以减轻你的负担。至于是用什么类型的机制、如何运作、设置什么样的规则，就要看你的想象力了。下面的一些想法也许能够帮你入门或者给你一些灵感。

- 你的管理机制应该向积极的方向引导学生，最终目标是让学生们得到奖励，包括较高的分数、给家长的便条，还有自由使用电脑的时间。
- 把表格交给学生管理，他们参与的越多，表格对他们就越有效。
- 与家长分享你的表现管理机制，从而使他们明确对你课堂的预期，以及对自己孩子表现的预期。

- 一定要保持一致，无论采取何种机制，保持一致才是最为关键的因素。
- 将你的奖励、表现机制或表格放在公开显眼的位置，让学生们常常看到它更能加强信息的传达。
- 时常审视自己制定的表现机制，如果必要的话可以进行改动。
- 对于高年级的学生（6至12年级），可以使用符合其年龄特征的机制，如记录无迟到、完成任务和作业的图表。
- 务必要制定适合你的机制！如果这种方法太难、太花时间或不起作用，就换一种方法试试，此外，适用于今年的不一定适用于明年，所以改变总是好的！

管理好创意

下面的创意可以帮助你建立一个管理学生的好方法，注意要多尝试新的方法、多进行修改、在一学年中轮流使用不同的机制，学生们喜欢积极的反馈以及表扬！

1. 学生表现表格

每个学生有一个口袋，装有不同颜色的卡片，每种颜色代表相应的惩罚或奖励

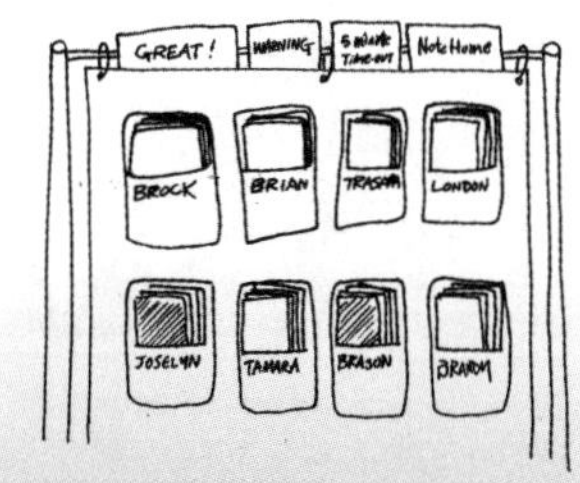

2. 姓名卡

可以为每个学生制作一个姓名卡，如果哪个学生表现好，可以奖励贴纸或邮票，也可以根据名字后的五角星来计数。

3. 把名字记在黑板上

在黑板上写下学生的名字，当某个学生表现好时，就在他的名字后画对号，这种方法只适用于奖励。

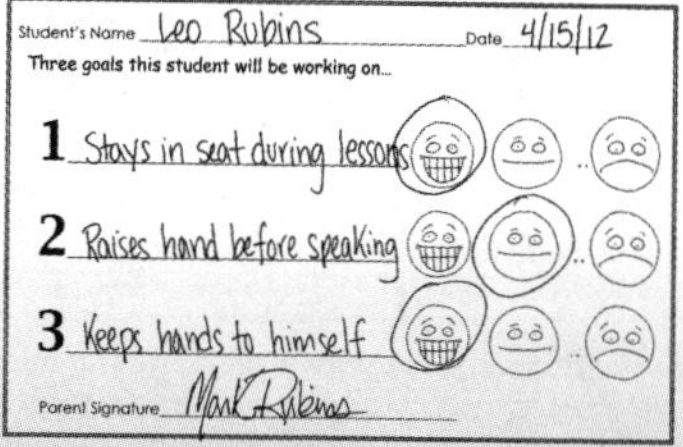
Student's Name Leo Rubins　Date 4/15/12

Three goals this student will be working on...

1 Stays in seat during lessons

2 Raises hand before speaking

3 Keeps hands to himself

Parent Signature Mark Rubins

4. 个人表现卡

可以根据每个学生的情况分别发放表现卡，同样要写上学生的姓名，另外要留出画小星星或笑脸的空间。

学生表现动态记录表

管理学生的表现对你和学生来说都是十分重要的，而保持一致则是其中的关键部分。可以将学生组成（4至6人的）小组以便教会他们合作和信任，同时注意要将不同水平的学生平衡地分配，以保证公平性。偶尔也会发生学生无法融入小组的情况，这时可以根据学生已经取得的进步给予奖励。但如果某个学生不断地打乱小组活动，就要和该生以及其所在的小组一起讨论解决办法。要是情况没有得到改善，该生就不能享受小组的成绩。

范 例

- 各小组实力均衡吗?
- 各小组有独立的桌子?
- 小组自己挑选名字?
- 明确奖励和惩罚?

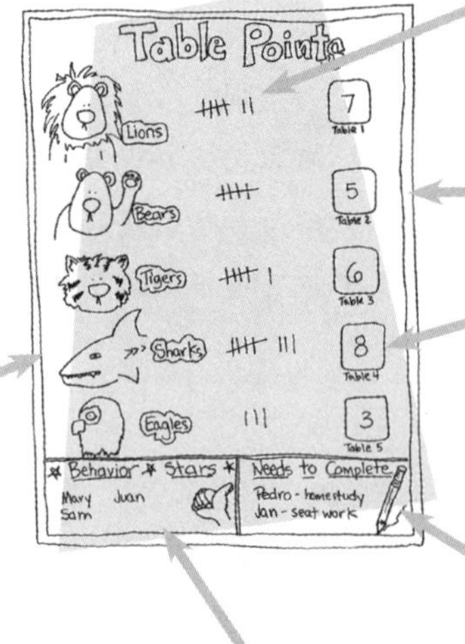

- 用刻痕计数的形式记录表现，教师拥有最终决定权，可以“发现”表现好的小组，从而激励其他学生。
- 可以做成薄板，用记号笔在上面记录，或把队名写在黑板上，用粉笔记录。
- 获胜的小组将得到奖励（额外的游戏时间、糖果、提前去吃午餐或休息等）。
- 各小组成员可以集体挑选名字并共享一张桌子。
- 根据需要，可以把奖励环节设在休息、午餐或课程结束时（不要拖堂）。
- 为表现优秀的学生留出空位

表现差的记录

警告机制：

1. 记在教师笔记上√
2. 到教室外罚站（5分钟）√√
3. 办公室表格 √√√
4. 家长便条 √√√√

每当表现进步时，一个字一个字地擦掉。

课堂激励

课堂激励可以给孩子们提供努力的目标，既可作为全班的激励，也可以作为个别学生的奖励。这里要注意的是，激励目标需要明确的预期并按照预期严格执行。在整个班级层面，激励目标能够鼓励团队合作；在个人层面，这些目标可以让学生关注自己的表现和学习。所以要保证这些目标是通过努力可以实现的。低年级学生的奖励/惩罚时间要比高年级短。所以要了解你的学生什么时候需要鼓励或奖励，保持灵活性，也要让学生尝到成功的甜头。当一种形式确定下来后，可以适当延长等待奖励的时间。

学生表现的目标可以是集中注意力、课堂参与、坚持完成任务，或是完成作业。而学习成果的目标则可以是正确使用一个词语，或是实现自己的阅读目标。需要注意的是每个学生的水平不同，所以要因人而异设定目标，当然，全班范围的进步也可获得奖励。

全班激励

填罐子

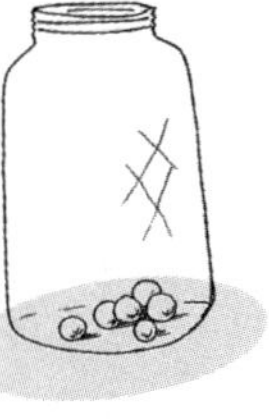

- 以全班为单位，向罐子里装入弹珠或软糖等小东西。
- 每当全班或小组达到要求时，就可以向罐子里投入一个弹珠或选好的物品，直到罐子被逐渐填满。
- 当罐子填满时，全班将获得指定的奖赏。

注：要指定可实现的目标。可以先从较小的罐子做起，培养学生的习惯。

星星

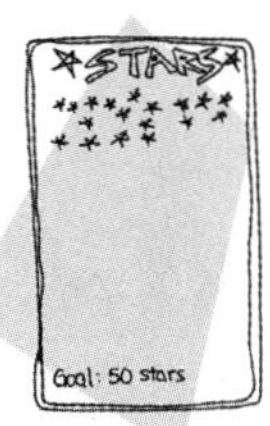

- 设计一个表格来记录特定数量的星星。
- 以全班的表现决定是否得到星星。
- 一旦星星达到既定的数量，就要给予奖励。

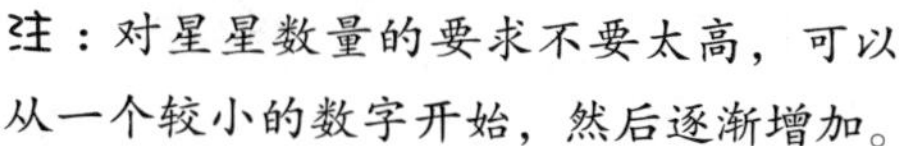

注：对星星数量的要求不要太高，可以从一个较小的数字开始，然后逐渐增加。

填鱼缸

- 如果你所在的地区允许，可以设置一个空鱼缸。
- 学生挣得一定的分数后，就可向鱼缸中加入小鱼。

注：一定要查阅该本区关于教室中动物的规定。

鱼缸

- 学生们可以在自己小组的桌子上将鱼缸或班级宠物摆放一天。
- 学生们可以积累分数，达到一定分值时，就能把宠物在自己桌上放一天。

注：一定要查阅本地区对教室中动物的规定。

小组分数榜

- 建立小组并命名。
- 小组表现好时，刻痕记录。
- 在每天放学时奖励获胜小组。
- 奖品可包括贴纸、铅笔、零食等。

注：可根据主题对小组重新命名（动物、交通工具等）

垫子奖励

- 赢得最多分数或达到既定目标的小组，每个成员可分别使用坐垫一周。

注：使用可系在座位上的坐垫避免滑落。

学生个人激励

爆米花派对

- 在周五放学前组织爆米花或零食派对。
- 因为表现良好而获得分数（达到一定量，如三张奖券）的同学都可以参加。

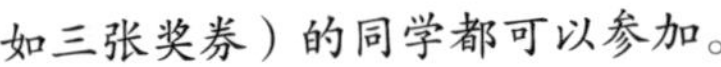

- 这种方法非常有效。

注：如果所在地区允许的话，你可以使用爆米花机，因为爆米花香甜的气味更能增强效果。记住，一定要提前检查机器是否安全。

贴纸或邮票卡

- 可以将这种卡片贴在每个学生的书桌上。
- 表现良好的学生就可获得贴纸或邮票。
- 当收集到一定数量时，就会给予奖励。
- 有利于学生家庭作业、课堂任务和课堂参与等的进步。

学生个人约定书

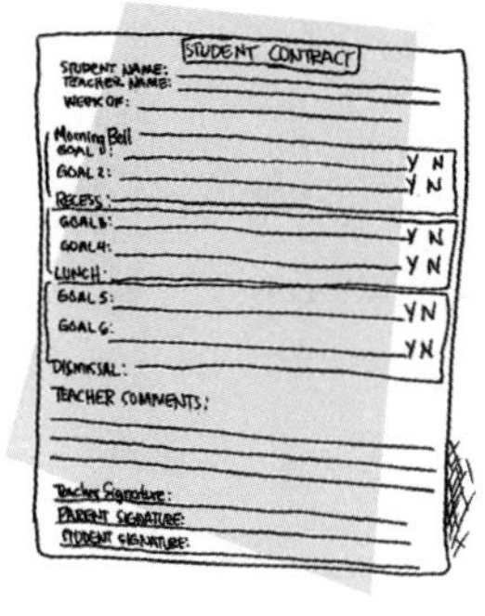

- 这是根据个人特点制定的行为进步约定，由教师和学生一起签订，而这个约定也需要每个学生的投入（确立意义和目的）。
- 目标是具体和明确的。
- 教师要监督学生的表现。
- 每天或每周要将这个约定交给家长/监护人签字。

奖票

- 表现好的学生可以赢得奖票。
- 周五那一天，学生可以打开奖品箱，用奖票换取奖品。
- 奖品要有一定的分量。

注：为了避免争议，要让学生在自己获得的奖票上写下自己的名字，然后放在写有自己名字的密封袋中。

一周之星

- 在一周内表现良好（符合学校要求）的好学生可以获得“一周之星”奖。
- 制作可以很简单，把带有“一周之星”标志的贴纸粘在卡片上即可。
- 明确预期和奖励。
- 通知家长，学生有获得该奖励的机会。
- 教师会把受到警告的学生名字写在黑板上，接着也会在名字旁边写上后续不良表现的次数。
- 如果学生的不良表现达到一定次数，就不能得奖，同时也要告诉学生如何表现才能够去除黑板上的次数记录和名字。

学生支票本

- 表现好的学生可以在一天或一周结束时挣得一定数量的“钱”。
- 学生可以从支票本中取“钱”，使支票本收支平衡。
- 学生可以使用支票本中的“钱”来写支票换取奖品。
- 奖品有特定的价值。

行为约定书

下列行为约定书是为了帮助不爱遵守规定的那些学生。当然，你也可以根据学生的具体情况，设计其他形式的行为约定书，尤其对于不能坚持完成自己的任务、不会举手，或者不爱完成家庭作业的学生十分有效。约定书不仅可以帮助他们改善学习状态，还能够为学生提供另一个在班级中取得成功的机会。

- 根据学生达成特定目标的程度，圈出相应的表情。
- 这个行为约定书更适合每天的行为矫正，可以选择三种特定的行为。
- 让学生每天把这个卡片带回家请家长/监护人签字。

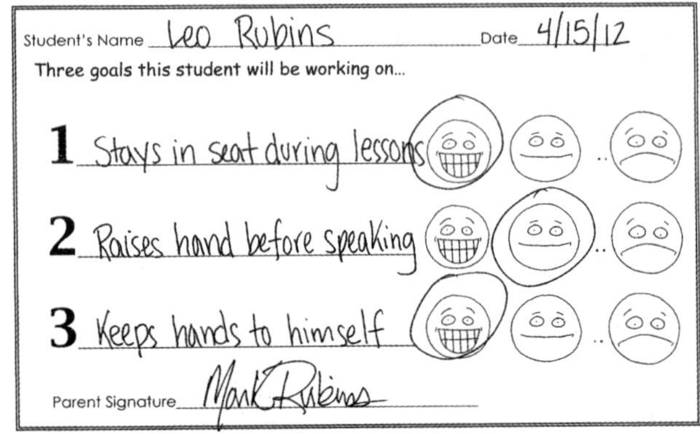

Student's Name Leo Rubins Date 4/15/12

Three goals this student will be working on...

1 Stays in seat during lessons

2 Raises hand before speaking

3 Keeps hands to himself

Parent Signature Mark Rubins

- 这个约定书是以每周为单位进行的，可以在周五放学时让学生带回家。
- 每当学生达到要求时，就奖励一个激励的标志（可以尝试小星星贴纸、邮票或“成功”的印章）。
- 当学生集齐所有或大部分激励标志时，就可以给予奖赏，否则上述两个约定书都难以见效。

Name Julie Hartmane Daily Behavior for the week of Feb 5

Parent signature Carol Hartmane

	Early Morning	Late Morning	After Lunch	Late Afternoon	Dismissal
Monday	☆	☆	—	☆	☆
Tuesday	☆	☆	☆	☆	☆
Wednesday	☆	☆	☆	—	☆
Thursday	☆	☆	☆	☆	—
Friday	☆	☆	☆	☆	☆

学生姓名________________ 日期________________

该生有三个目标要实现……

1. ________________

2. ________________

3. ________________

家长签名：____________

姓名：____________ 每日表现的日期________________

	清晨	上午	饭后	下午	放学
星期一					
星期二					
星期三					
星期四					
星期五					

家长签名：____________

学生姓名：________________ 年级：________

教师姓名：________________ 班级：________

周：________	目标	是/否
清晨	目标：	
营养餐/休息	目标：	
上午	目标：	
午餐	目标：	
下午	目标：	
放学	目标：	

教师评语：________________________________

____

____

学生签名：________ 教师签名：________

家长签名：________ 校长签名：________

在学生的卡片上贴上贴纸或邮票，以记录他们的良好表现，卡片贴满时，学生可获得奖励。

Good Job!	Good Job!	Good Job!	Good Job!
Good Job!	Good Job!	Good Job!	Good Job!
Good Job!	Good Job!	Good Job!	Good Job!
Good Job!	Good Job!	Good Job!	Good Job!
GOOD JOB!	GOOD JOB!	GOOD JOB!	GOOD JOB!
Good Job!	Good Job!	Good Job!	Good Job!
Good Job!	Good Job!	Good Job!	Good Job!
Good Job!	Good Job!	Good Job!	Good Job!
Good Job!	Good Job!	Good Job!	Good Job!

颁发奖励证书

获奖证书是激励和认可学生表现的既简单又绝妙的方法。计划好何时颁奖和颁发什么奖项是非常重要的，这不仅能够保持一致性，而且可以减轻你的负担。把获奖证书当作你教学计划的一部分，还可以让家长和监护人以此来激励学生。接下来的几页里包含了你可以使用的几种证书模板。

什么时间颁发：

- 每周
- 每月
- 每季度
- 每学期
- 每学年

★ 确保你在这一周期内能抽出时间和精力；确保一致性是关键。或者可以在一年之中找不同的时机颁发证书。

什么奖项：

- 学习：语文、阅读、语法、作文、数学、科学、社会科学
- 艺术：视觉、音乐、舞蹈、戏剧/表演艺术
- 健康/体育
- 出勤
- 表现
- 好学生
- 其他：读书报告、数学知识、阅读书目、拼写、背诗/朗诵

百分百出勤奖

此奖证明

______________________________（人名）

在______________________（课堂）达到百分百的出勤率

______________________　　______________________

校长签名　　教师签名

百分百出勤奖

此奖证明

______________________________（人名）

在______________________（课堂）达到百分百的出勤率

______________________　　______________________

校长签名　　教师签名

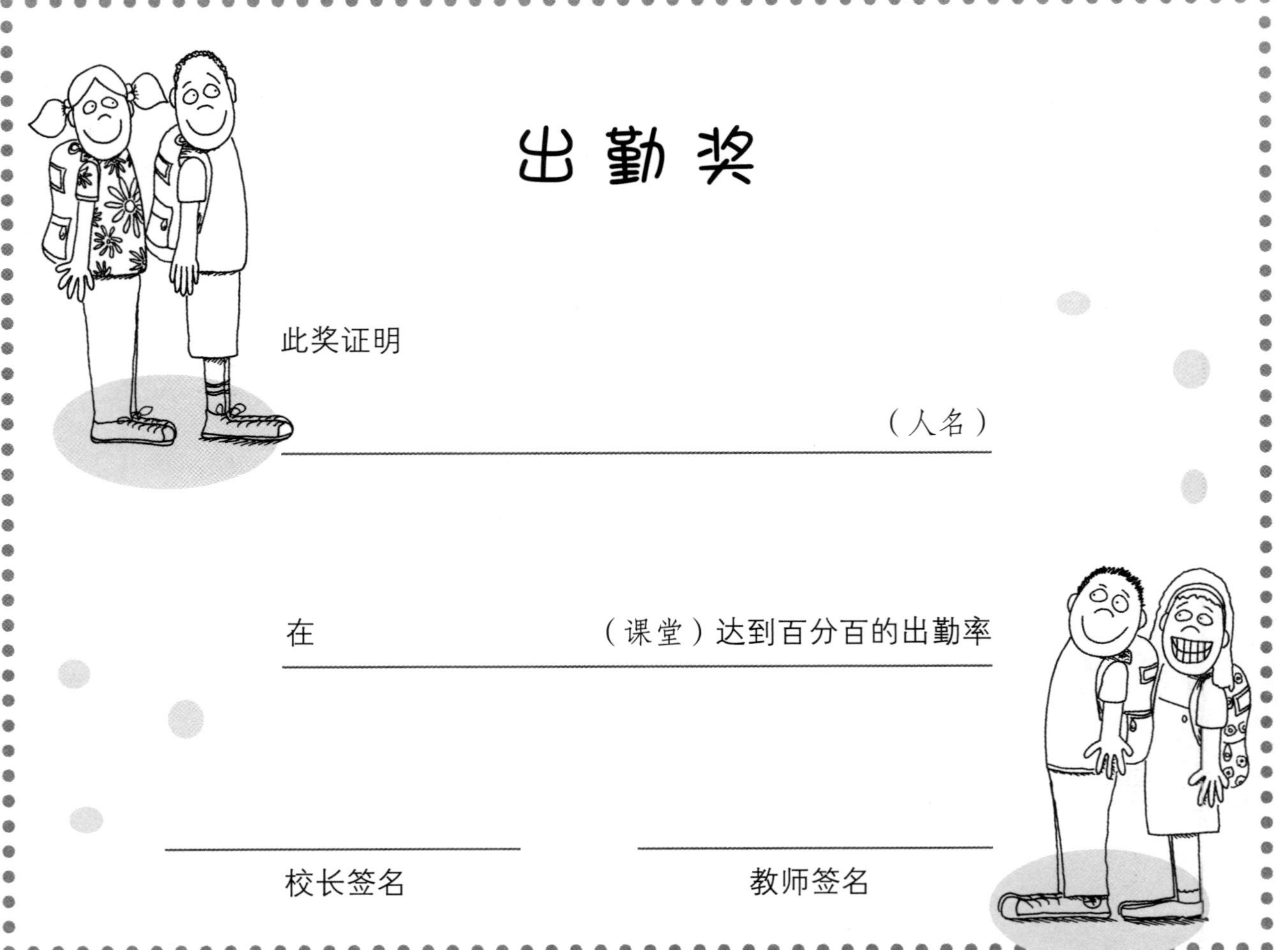

出勤奖

此奖证明

______________________________（人名）

在______________（课堂）达到百分百的出勤率

______________　　______________

校长签名　　　　　教师签名

本周之星奖

此奖颁发给

______________________________（谁）

以表彰他/她

______________________________（表现）

______________　　______________

校长签名　　教师签名

本周之星奖

此奖颁发给

______________________________（谁）

以表彰他/她

______________________________（表现）

______________　　______________

校长签名　　教师签名

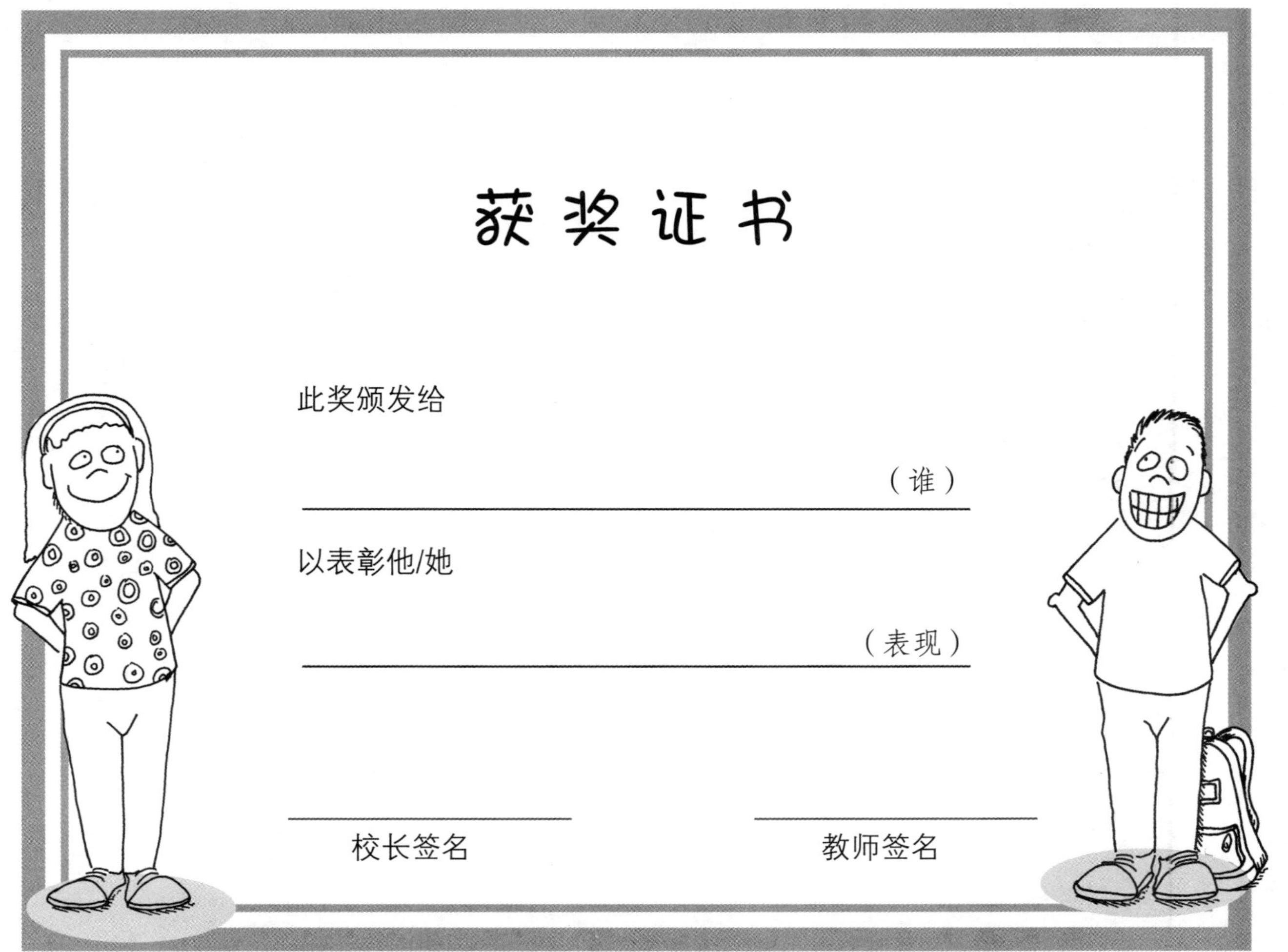

获奖证书

此奖颁发给

________（谁）

以表彰他/她

________（表现）

________ 校长签名

________ 教师签名

优秀学业奖

此证书颁发给

______________________________（谁）

以表彰他/她

______________________________学科的

______________________________突出成绩

________	________	________
日期	校长签名	教师签名

考 勤

良好的出勤率是学习的保障。根据教学地点的不同，出勤率可能会保持一致，也可能各不相同，但无论你处于哪里，保持班级学生的出勤率都会减轻你的负担并有助于学生的学习。尽管教育部规定学生必须上学，但这并非解决一切的灵丹妙药。对于那些不来上学的学生，该怎么处理呢？如果你在寻找解决之道，那么下面的几条可能对你有所帮助。

□ 要勤于记录！每天点名，考勤卡是合法文件，需要你多多留意和认真对待。

□ 建立一个奖励或激励的体系来促进出勤率。

- 给予每周的奖励。
- 给予每月的奖励。
- 给予年终奖励。

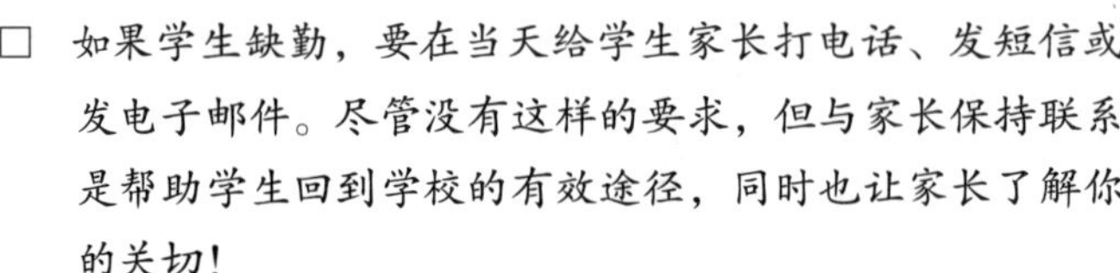

□ 如果学生缺勤，要在当天给学生家长打电话、发短信或发电子邮件。尽管没有这样的要求，但与家长保持联系是帮助学生回到学校的有效途径，同时也让家长了解你的关切！

□ 熟悉你所在地区和学校的出勤政策。

□ 对于严重的缺勤情况要进行报告，如果一名学生缺勤超过一定天数，要将情况报告给校长或学校顾问。

学生联系方式表

教师：__________ 教室：__________ 年级：__________

学生姓名	地址	家庭电话	电子邮箱

学生生日记录表

教师：________ 教室：________ 年级：________

	学生姓名 NAMES	生日 HAPPY BIRTHDAY	家庭电话
1.			
2.			
3.			
4.			
5.			
6.			
7.			
8.			
9.			
10.			
11.			
12.			
13.			
14.			
15.			
16.			
17.			
18.			
19.			
20.			
21.			
22.			
23.			
24.			
25.			
26.			
27.			
28.			
29.			
30.			

学生成长记录表

大多数校区都会有某种形式的学生成长记录，从学生进入学前班或幼儿园起开始记录，直到高中毕业。这些文件记录了学生在校期间的表现。有些地区要求保存纸质版文件，而另一些则要将信息录入电脑。其中的信息种类繁多，教师应明确需要记录的信息类型。在学年伊始，教师要在这些文件中录入学生的最新情况，这也是了解学生和他们曾经的学习经历，以及哪些学生需要特别关注的绝佳时机。

需要了解的信息有：

- 你所在的学校和地区是否有学生成长记录
- 如果是纸质版的记录，从何种渠道获取（地点、时间、联络人、学校借阅政策）
- 如果是电子信息，从何种渠道获取（网址，学校或家庭可能需要的登录密码）
- 学校或地区的政策以及日期
- 初始日期（初始信息/流程）
- 结束日期（结束信息、流程、截止日期）
- 记录中包含的内容
    - 特殊需要记录
    - 健康记录
    - 介入教学记录
    - 评估和测试成绩
    - 每年的照片采集
    - 语言记录
    - 标准化测试分数
    - 成绩单
    - 学生学习小组记录
- 可能的学生信息
    - 学生身份证号码
    - 入学和毕业的特殊编号（例如，“E–2”）
    - 学生的出生日期
    - 目前的地址和电话
    - 注册日期——入学和毕业（例如，“E”）
    - 出勤情况（出勤、缺勤、迟到）
    - 教师
    - 照片
- 可能的课程信息
    - 教科书系列、出版商、版本
    - 阅读、科学、社会科学
- 可能的学校信息
    - 教师首字母缩写和年级
    - 教师评语
    - 会议或会议日期和与会人
    - 标准化测试成绩
- 可能的额外记录
    - 特殊需要
    - 介入教学
    - 语言
    - 健康记录

日常表现记录

学生姓名：____

年级：______________ 教室：______________ 教师：______________

时间和日期	表现

学生评价报告卡

每年教师都会多次对学生的进步进行正式的记录，这也为教师提供了一个关注每个学生以及他们成长的机会，因而对学生来说也是非常重要的。值得注意的是，你需要准备充足的证据来解释自己所给的分数，包括学生文档和作业文件夹中的作业样本，还有一对一的数学和阅读测验，且要确定每个学生的进步情况，从而帮助你进行评估。

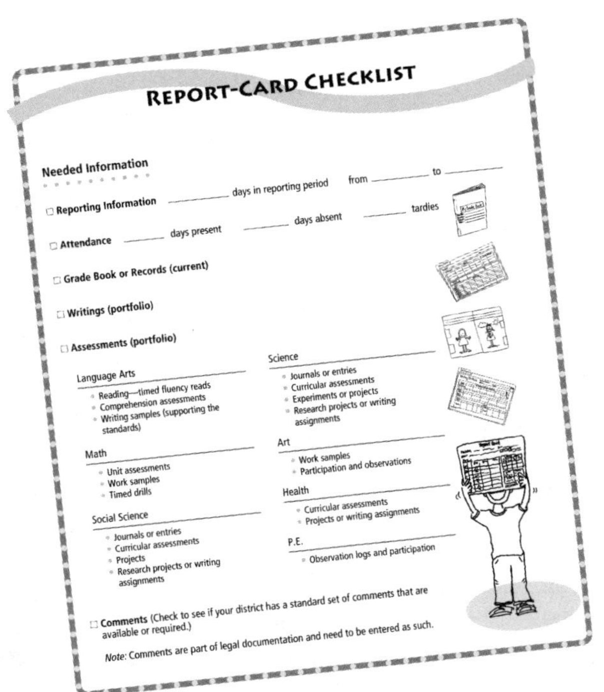

REPORT-CARD CHECKLIST

Needed Information

□ Reporting Information ______ days in reporting period from ______ to ______

□ Attendance ______ days present ______ days absent ______ tardies

□ Grade Book or Records (current)

□ Writings (portfolio)

□ Assessments (portfolio)

Language Arts
- Reading—timed fluency reads
- Comprehension assessments
- Writing samples (supporting the standards)

Math
- Unit assessments
- Work samples
- Timed drills

Social Science
- Journals or entries
- Curricular assessments
- Projects
- Research projects or writing assignments

Science
- Journals or entries
- Curricular assessments
- Experiments or projects
- Research projects or writing assignments

Art
- Work samples
- Participation and observations

Health
- Curricular assessments
- Projects or writing assignments

P.E.
- Observation logs and participation

□ Comments (Check to see if your district has a standard set of comments that are available or required.)

Note: Comments are part of legal documentation and need to be entered as such.

评价注意事项：

- 简明
- 专业
- 积极（试着用积极、肯定、和蔼的语言作为评语的结尾）
- 非诊断性（只有医生或持执照的心理治疗师才可以诊断多动症等疾病）
- 非指责性（避免像“萨姆在操场上打了其他孩子”这样直接的指责性话语，可以改成“在操场上，萨姆没能控制好自己的脾气和行为”）

学生评价报告卡

所需信息

□ 报告信息　　报告期间共________天　　从________到________

□ 考勤　　出勤________天　缺勤________天　迟到________天

□ 成绩册或记录（当前的）

□ 作文（文档）

□ 测验（文档）

语文
- 阅读——计时的流利阅读
- 理解力测验
- 作文样本（用以佐证标准）

科学
- 日志或记录
- 课程测验
- 实验或课题
- 研究项目或写作任务

数学
- 单元测验
- 作业样本
- 计时训练

艺术
- 作品样本
- 参与和评价

社会科学
- 日记或记录
- 课程测验
- 项目
- 研究项目或写作任务

健康
- 课程测验
- 项目或写作任务

体育
- 观察日记和参与

□ 评语：（咨询一下你所在地区是否有可参考或要求的评语标准）

注：评语要如实填写。

学生移交记录表

当某些学生的情况已经超出你的能力范围时，有必要寻求外界的帮助。首先要使用你手上所有的资源，并将每次介入教学的情况记录在案，因为关于学生表现的文件能够极大有助于专业人士对学生进行后续指导。但是，即便学生的问题十分明显，也绝对不要妄下结论，而必须通过合理的渠道，由专业人士进行正式的评估，才能得出结果。

你所要做的就是做好准备，所需提供的相关信息则要看你所在学校或地区的安排了。

所需的信息：

☐ 学生信息

- 姓名/学号（允许的情况下）
- 出生日期/年龄
- 现住址
- 父母/监护人姓名和家庭环境（寄养、监护等）

☐ 出勤情况

- 本学年：出勤：__________ 迟到：__________
- 以前（追溯到幼儿园）的出勤情况
- 暂令停学__________

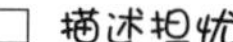

☐ 描述担忧

- 学习　• 出勤　• 情绪/表现　• 语言　• 其他

在这一段中，要把你对学生的担忧描述出来，但注意要用客观的语气，仅仅描述事实即可——而要拿出一定的文件和结合已经进行过的介入教学来支持你的观点。

☐ 通知父母/监护人

- 在家长会或通知中多次将学生的情况告知父母/监护人
- 通知家长/监护人转班的情况和流程

☐ 学习信息

- 目前的数学和阅读测验
- 其他测验或成绩单

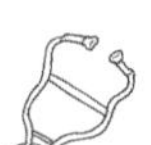

☐ 健康信息

- 已知健康问题列表（视力、确诊的情况等）
- 学生在学校正在接受治疗项目的列表

☐ 观察评语

- 学习——学习习惯、动力、困难、理解、注意力
- 健康——卫生、体力、抱怨身体不适、去洗手间的次数、哮喘、近视等
- 表现——孤僻、暴力、沮丧或忧伤、喜怒无常、好斗、破坏性、不成熟

☐ 介入教学

- 教学矫正——肯定的话语、视觉教具、同龄或其他年级学生指导、反复教学、小组教学、单独教学、目标、订立约定
- 教学调整——换座位、调班
- 教学材料——补课或减少作业、教具、教科书配套磁带、思维导图、分段课文、颜色编码

移交生信息列表

教师：________________________

年级：______ 教室：________ 日期：________

记录可能对教师会议、学生转班和留级有用的信息和评价，最好同时保存相关的作业样本或观察日记，并在背面记下评语。

学生姓名		身份证号	
出生日期	年龄	联系电话	监护人
学年	出勤日	缺勤	迟到
以前的出勤情况			
留级（日期/原因）			
担忧 □ 学习 □ 表现 □ 情绪 □ 身体 描述：			
警告 日期 方式	警告 日期 方式	警告 日期 方式	
学习 □ 阅读 □ 作文 □ 拼写 □ 数学 □ 科学 □ 社会调查 描述：			
健康 □ 视力 □ 药物 □ 过敏 □ 哮喘 □ 其他 描述			
综合评价			
□ 介入 □ 矫正 □ 调整 □ 对策 □ 转介	结果		

留级清单

留级会对学生产生重大的影响，因此做这个决定必须格外慎重，只有在尝试了其他所有可能的方法，也不能让学生赶上本年级的进度时，才能考虑这个最后的选择。留级的目的在于给学生一个走向成熟、学业进步的机会。在适当的环境里，学生能够迅速成熟并增加自信。而留级对于年长一些的学生来说更加难以接受，因为他们已经更能明白留级意味着什么了。在这个过程中，教师扮演着承上启下的关键作用，因此必须保持积极的心态对学生倍加呵护。这并非权宜之计，而是长远考虑，如果学生不能达到要求，那么这一年就白白浪费了，因此决不能掉以轻心。正因为如此，在决定留级之前，要符合一系列标准，首先要确认校方或地区的要求以及年龄界限，同时也要咨询其他老师的意见，而家长/监护人拥有最终决定权。

所需的信息要根据校方及地区的要求来决定。

所需的信息：

□ 学生信息：

- 姓名/学号（允许的情况下）
- 出生日期、年龄、升入六年级时的年龄
- 现住址
- 父母/监护人姓名和家庭环境（寄养、监护等）
- 出勤

本学年____缺勤____天（____天因故____天无故）
以前
学年____缺勤____天（____天因故____天无故）
学年____缺勤____天（____天因故____天无故）
学年____缺勤____天（____天因故____天无故）

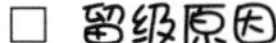

□ 留级原因

- 写一篇说明，明确指出你因何认为该生需要留级，说明不能是主观性的，一定要以你的观察和测验为基础。

□ 通知或请求家长/监护人

- 在成绩单上通知（有些地区有警告通知表格）
- 在会议上通知/讨论可能性（记下每次开会和参与的日期）
- 专门提交通知（对方可能会保存）
- 向家长/监护人提出留级请求：书面____口头____日期____

☐ 与以前的教师就学生成长记录进行探讨

- 讨论观察结果和学习表现。
- 查阅支持的文件和可能的解释。

☐ 健康状况

- 询问学校医务室
- 咨询是否有任何健康问题或治疗的记录
- 在本年级的体型属于：小　　中　　大

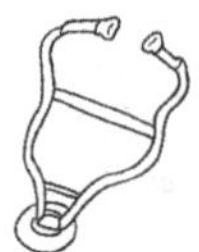

☐ 学习成绩

- 标准化测试分数：_______外语_______数学_______语文

☐ 介入服务

- 接受过的介入服务：
  - 阅读专员
  - 语言
  - 适合本人的体育课
  - 其他

☐ 机构支持

- 外部机构的支持

☐ 评估转介

- 原因（若与留级不同）
- 评估成员

____校长　____教师　____家长/监护人　____学生　____心理治疗师　____顾问

____外部顾问　____社工　____语言治疗师　____阅读专员

- 日期
- 建议

后续的事情可能包括：

- 校长同意/“OK”=“将被留级”
- 校方或地区给家长/监护人的信
- 在学生的成长记录上标明（查阅文档流程）
- 在期末成绩单上标明

学 生 信 息 卡

学年：__________

学生姓名：__________　出生日期：__________

紧急联络人：__________　与本人关系：__________

电话号码：__________　其他联系方式：__________

家长/监护人：__________　电话号码：__________

电子邮件地址：__________　工作：__________

过敏 / 治疗：__________

特殊需求：__________

请在此卡片的背面写上其他相关信息。　家长/监护人签名：__________

学 生 信 息 卡

学年：__________

学生姓名：__________　出生日期：__________

紧急联络人：__________　与本人关系：__________

电话号码：__________　其他联系方式：__________

家长/监护人：__________　电话号码：__________

电子邮件地址：__________　工作：__________

过敏 / 治疗：__________

特殊需求：__________

请在此卡片的背面写上其他相关信息。　家长/监护人签名：__________

6

课堂管理工具箱

Russell, June
Name JUNE Date 2006-07
Assessments
Assessments
Mrs.Wasley
1st grade

设计教室活动路线图

无论你教授的是哪个年级的哪门课程，都需要在教室中设定学生的活动路线，而实际的活动路线可以有很多变化，可能与最初的设计相去甚远。在教室中设计了活动路线后，还要经常提醒和培养学生的习惯，以班级为单位整体设定路线，更容易让学生习惯和掌握。

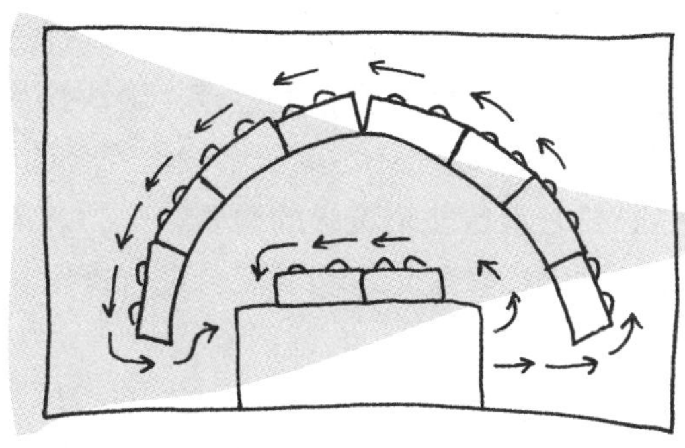

记住：

- 路线要简单
- 编写一定的韵律
- 设计成流线型
- 每天复习

设计路线的原因：

- 放、取书包更方便
- 休息和放学时方便排队
- 紧急情况便于疏散

尝试：

- 不同的类型
- 询问其他教师的意见和经验
- 使用标志来辅助学生

设置特定活动中心

活动中心是学生自学和探索的重要组成部分，可以是桌面的一小块空间，也可以是教室中进行活动的特定区域。多设几个活动中心，这样学生们就可以体验不同的活动，并且每个学生都有体验的机会。活动中心不需要多么复杂，只要符合你讲课的主题或单元即可。较快完成任务的学生可以到他们喜欢的中心进行活动，但教师要注意有的学生可能为了玩而匆匆了事，因此要训练你的学生，告诉他们不仅要快还要保质保量，在任务“过关”时才有资格去中心进行活动。可以建立如下的顺序：第一，布置任务（任务1，2，3）；第二，从任务篮里面选出一个额外任务；第三，到中心活动。让学生们相互检查，确认签字，才能够去中心活动。教师最好准备足够的中心活动项目，从一个设施齐全的中心到简单的游戏都可以，中心要能够在必要时满足整个班级的需要。

记住在设立中心的同时要制定相应的规则，学生可以相互配合进行操作。

数学中心

十个活动创意

1. 数数或排序
2. 称重（天平）
3. 测量（刻度尺），例如，测量绳子
4. 应用题
5. 记忆卡片
6. 七巧板（几何类型）
7. 练习情况说明书或计时器
8. 计算器
9. 测量体积
10. 每天一个问题

科学中心

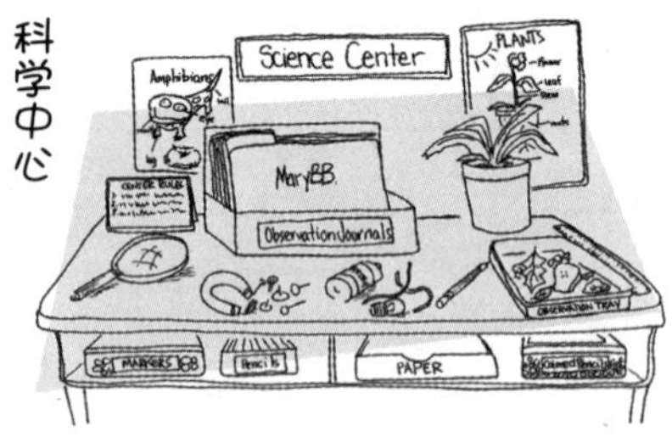

十个活动创意

1. 在袋子中种豆子
2. 放大镜（观察）
3. 电（电池或灯泡）
4. 磁（金属和非金属对比）
5. 动物或恐龙模型
6. 简单的机器
7. 生长周期（蝴蝶、蝌蚪）
8. 沉、浮
9. 反应（简单的）
10. 班级宠物（在允许的情况下）

注：通常的活动是观察、记录、评论和举例。

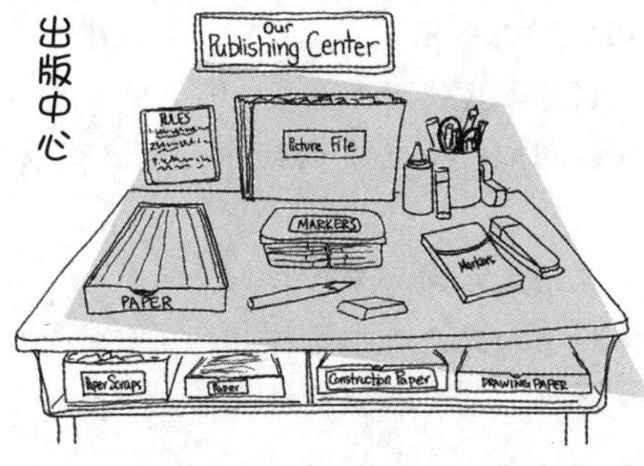

出版中心

十个活动创意

1. 写出对某本杂志或日历照片的感想。
2. 编写一本小型图书。
3. 编撰一本连载漫画。
4. 完成故事续写。
5. 编写一本精装书。
6. 写一首诗。
7. 写一封信（给某个朋友或人物）。
8. 写一张贺卡。
9. 在主题模板纸上编写一个故事。
10. 就某一提示写一个说明。

注：可以把中心建在书桌上，这样还可以方便存放材料，可将连续性的活动文件放在文件夹中。

粘土桌

粘土桌提示

- 用胶带把标签粘在桌子下方。
- 不要把桌子放在阳光下。
- 不同颜色的粘土可能会相互粘在一起。
- 因为粘土很脏，学生一定要洗手。
- 可以增加学生的灵活性。
- 各个年级的学生都爱玩！

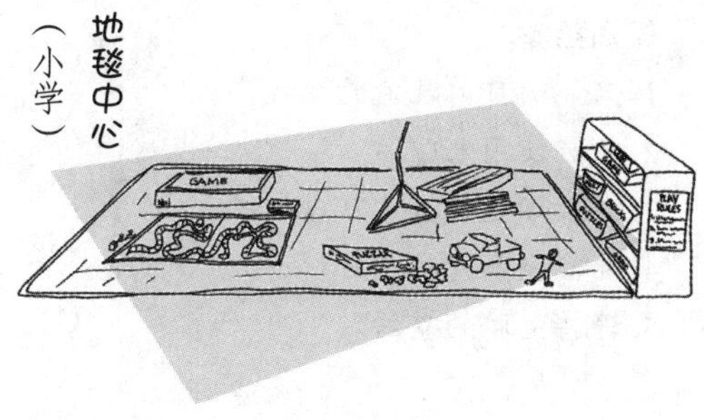

地毯中心（小学）

十个活动创意

1. 棋盘游戏
2. 拼装玩具
3. 谜语
4. 讲台（扮演学校场景时）
5. 装扮（衣箱）
6. 动物玩偶
7. 火车模型
8. 玩偶之家
9. 电动游戏（便携型）
10. 弹珠或抛接游戏用的小物件

注：地毯上可准备上述中的六个游戏

听力中心

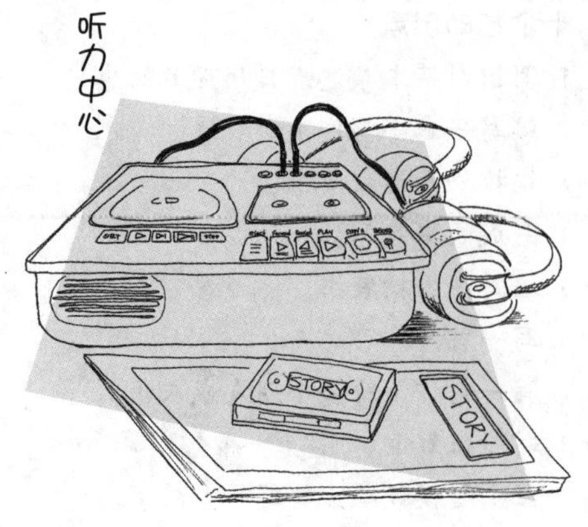

听力中心提示

- 训练学生使用光盘或MP3。
- 使用MP3中已有的故事，或自己录制故事。
- 互动式活动，如听写、提问。
- 把书和配套音频材料保存在密封袋中。
- 给书和配套音频材料编号或涂色。
- 一些关于音频的想法：
  - 重复阅读某一章节（任何科目的）。
  - 听写数学问题。
  - 听写拼写或词汇。
  - 就听力内容提问，并要求学生写出答案。
  - 同时准备铅笔和纸张。

电脑中心

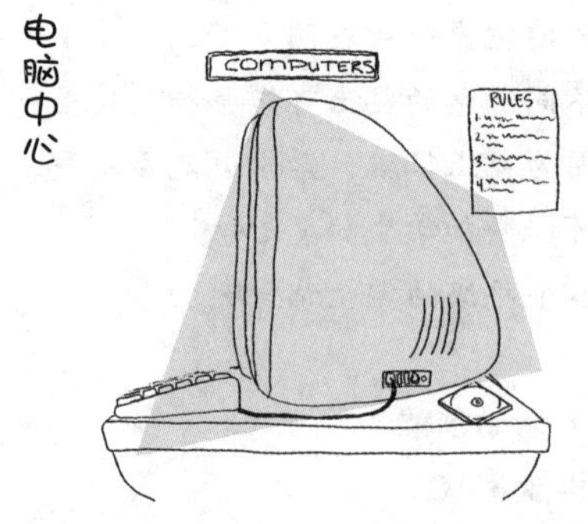

电脑提示

- 每次只向全班介绍一个游戏。
- 找到一个擅长电脑的有责任感的学生，把他或她训练成你的助手。
- 每个使用电脑的人都要签到，方便记录电脑使用情况。
- 确立一系列规则。

规则范本

1. 只能玩目前既定的游戏。
2. 轮流使用电脑。
3. 在教师允许时才可以打印。
4. 要珍惜和爱护电脑。
5. 保持电脑的整洁。

记录学生的电脑使用时间

记录提示

- 规定一个顺序。
- 学生可以签到标注他们的日期。
- 在全班轮流。
- 晾衣夹列表是个不错的选择。
- 指派一名学生监督轮流的情况。
- 一名学生使用完电脑时，可以在列表中标出下一个使用的学生。

绘画中心

绘画中心提示

- 给画架下的区域铺上蜡纸或塑料膜并用胶带粘好。
- 为作画的同学准备一件工作服或大T恤衫。
- 使用有盖子的颜料盒避免颜料风干。
- 明确流程，尤其是打扫流程。
- 学校通常会给教室配备画架。

艺术中心

艺术中心提示

- 制定中心和每种方法使用的规则。
- 平时为艺术中心留一些碎纸片（一个很好的方法就是：如果纸片大于手掌，就可以留下）。
- 纸巾、湿巾等应该就近摆放。
- 让学生自由探索和创造。
- 因为艺术中心很受欢迎，签到是个很好的解决办法，用硬纸板和螺丝钳就可以制作签到处。
- 书桌是很好的中心平台，也可以充分利用抽屉来存放东西。

图书角

图书角是教室里不可或缺的一部分，也是整理图书的最好办法，而且可以按照主题分类，便于老师和学生查找。随着图书数量的增加，可以使用塑料箱或彩色薄片标签进行整理，将图书标示清楚，有助于查找。教师要找出与所教年级的主题和科目相符的图书，同样也要寻找适合自己的图书角形式，另外还可以参观其他教室的图书角看看他们的管理方法。

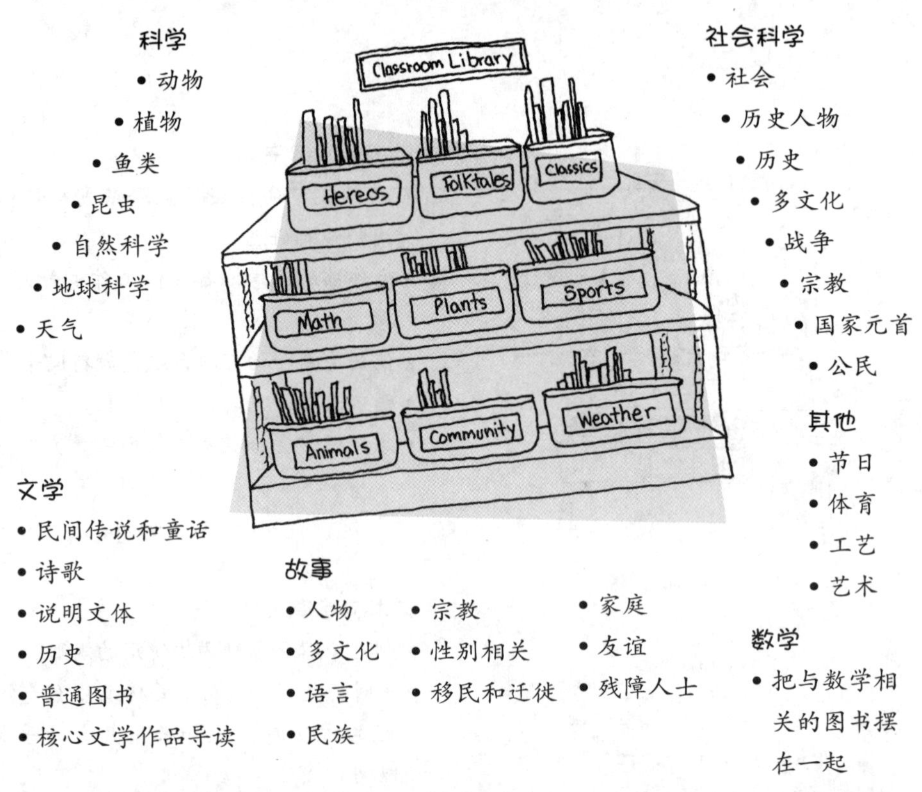

温馨提示：

- 先从通用的分类开始，随着图书数量的增加，再进行次级分类（例如，将动物分成哺乳动物、爬行动物、两栖动物和鱼类）。
- 为了便于管理，可以用标记、编号或不同颜色进行区分。
- 结合能力层次分类。
- 设立一块适宜阅读的图书角区域（例如，地毯、抱枕、桌子和椅子等）。

班级管理各类 LOGO

数学

英语

家庭作业

学校要求

班规

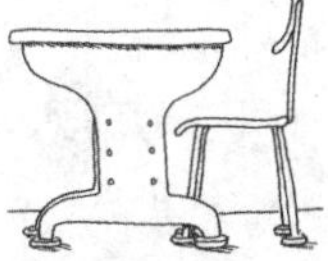

活动

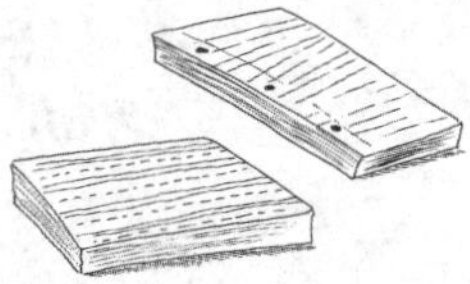

数学

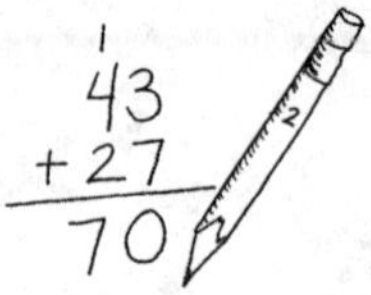

英语

家庭作业

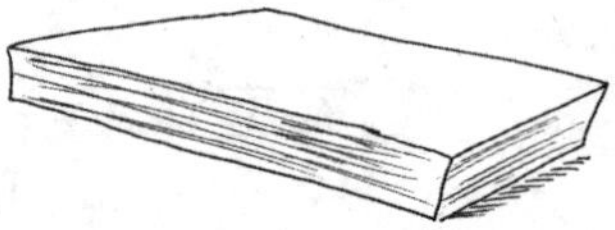

学校要求

班规

活动

收纳箱

将班级管理好，有助于每天教学的顺利开展。在一个有组织的流程中培养你的学生也是十分重要的，而开学的前几周是打基础的关键时期。在一个特定的区域管理教室杂物会更加简便，你可以设立不同的学习篮，也可在门边设一个办公篮，用来装办公室的文件以免弄混；家庭作业文件箱则可以保持文件夹的整齐，并有利于回家之前的准备工作；工作模板文件箱能够对你喜欢的模板进行分类，在使用时可以迅速找到。分别给这些篮子贴上标签以免混淆。

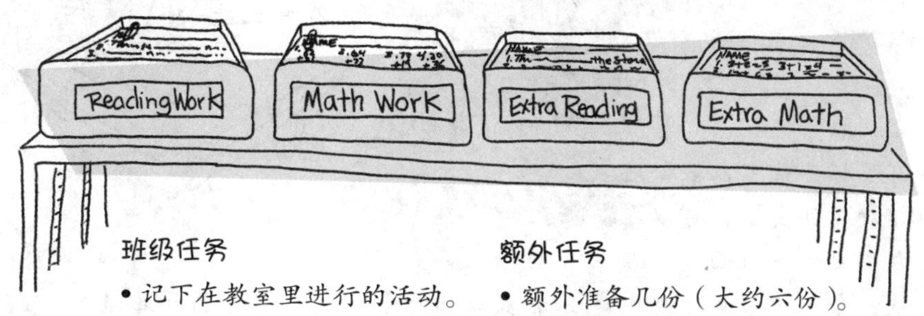

班级任务

- 记下在教室里进行的活动。
- 挑选活动作为后续。

额外任务

- 额外准备几份（大约六份）。如果有其他班转来的孩子，可以派上用场。
- 如果有学生提前完成任务，可以作为额外训练。

办公篮

- 学校发放的文件
- 便于查阅和分发
- 放在门口附近

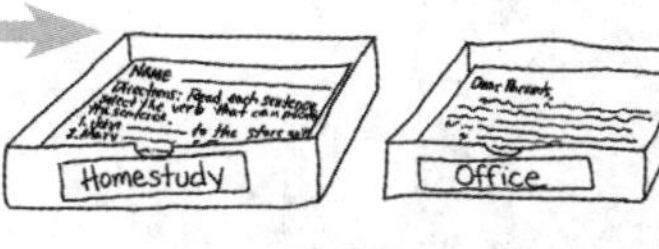

家庭作业篮

- 用来装每天的家庭作业
- 便于分发

任务模板

- 对模板资源进行整理
- 做额外准备以免不够用
- 作文纸、拼写表格、作文模板等

家庭作业文件夹

- 每天由班长收齐
- 班长每天填上新的作业项目
- 学生有事提前离开时，方便查找

评估箱

评估箱是一个非常重要的教学工具，里面装有学生作业，不仅可以反馈学生的进步情况，也可用于与家长和学校管理者的会面。即使你已经有了自己的评估箱体系，下面的例子也可以为你锦上添花。

可以到当地的办公用品商店购买彩色的箱子和彩色文件夹。

有了标签就可以轻松地摆放文件夹了，可以在每个文件夹前面放一页纸，专门记录文件夹中的内容，在本书的“文件夹”部分，也提供了一些供参考的封面。

学生文件夹可以帮助你打分和撰写报告。

每个箱子里都要包含所有学生的文件夹。

我们建议的评估箱种类包括写作、数学和评估。

评估箱要放在显眼的位置，这样一进教室人们就可以马上看到它，能够迅速找到评估箱可以为教师带来很多便利！

在摆放箱子和学生文件夹时，最好使用简洁明了的标签，这样可以节省很多时间。

优秀作业文件夹

设立学生文件夹用来存放学生最好的作品，可以让学生随时发现自己的进步。正如所有文件夹一样，它需要定期更新。文件夹可以存放十件左右的作品，在家长会上可以用来一起分享学生们最好的作品和反馈。你可以选择一些自己希望保存的作品，同时也可培养学生管理自己的能力。低年级学生需要教师经常提醒他们“你想把这个放到文件夹里吗？”文件夹也要便于更新和定期回顾。

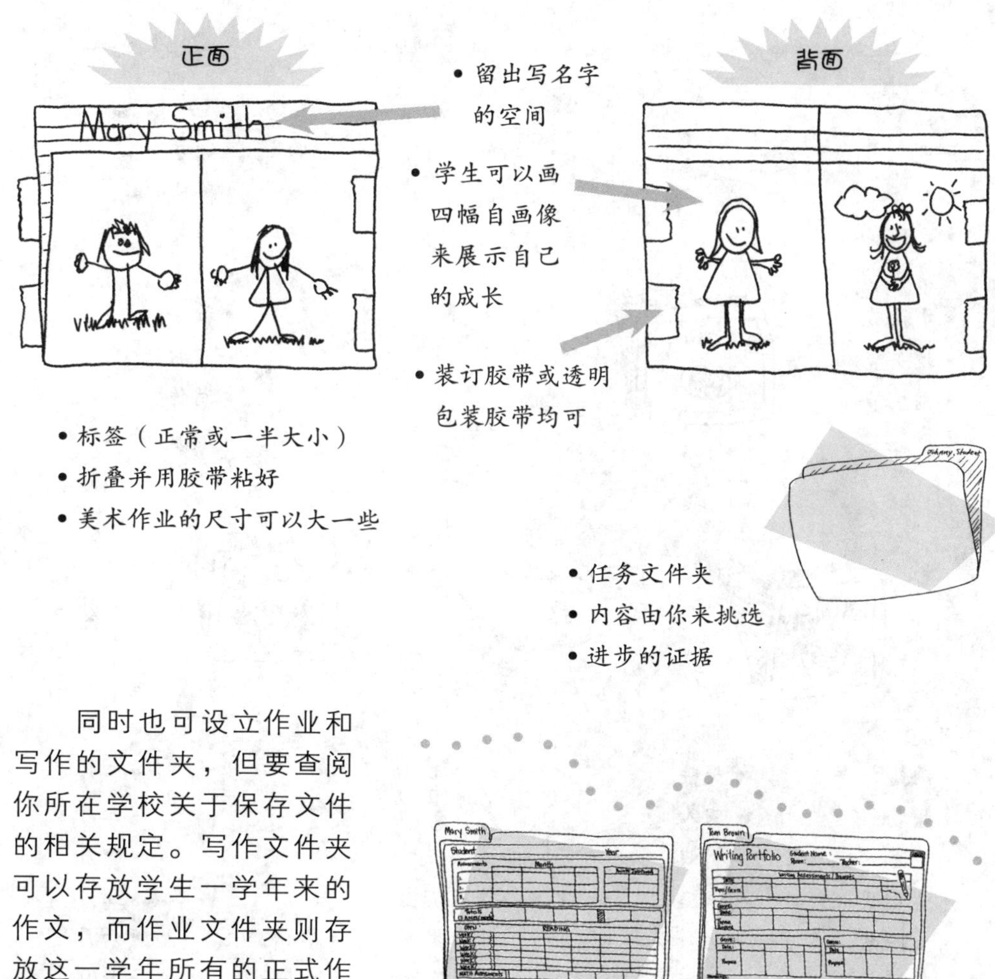

同时也可设立作业和写作的文件夹，但要查阅你所在学校关于保存文件的相关规定。写作文件夹可以存放学生一学年来的作文，而作业文件夹则存放这一学年所有的正式作业，两种文件夹都有封面，封面可以粘在文件夹外面，用来记录结果。

文件柜

文件柜是帮助教师整理文件的实用工具，教师们总是要处理铺天盖地的文件、评估、比较和工作表，文件柜则可以省去物品摆放杂乱和找不到东西的烦恼。下面列举的几种文件分类方法也许可以为你提供一些参考，你也可以根据这些提示添加自己的文件分类。

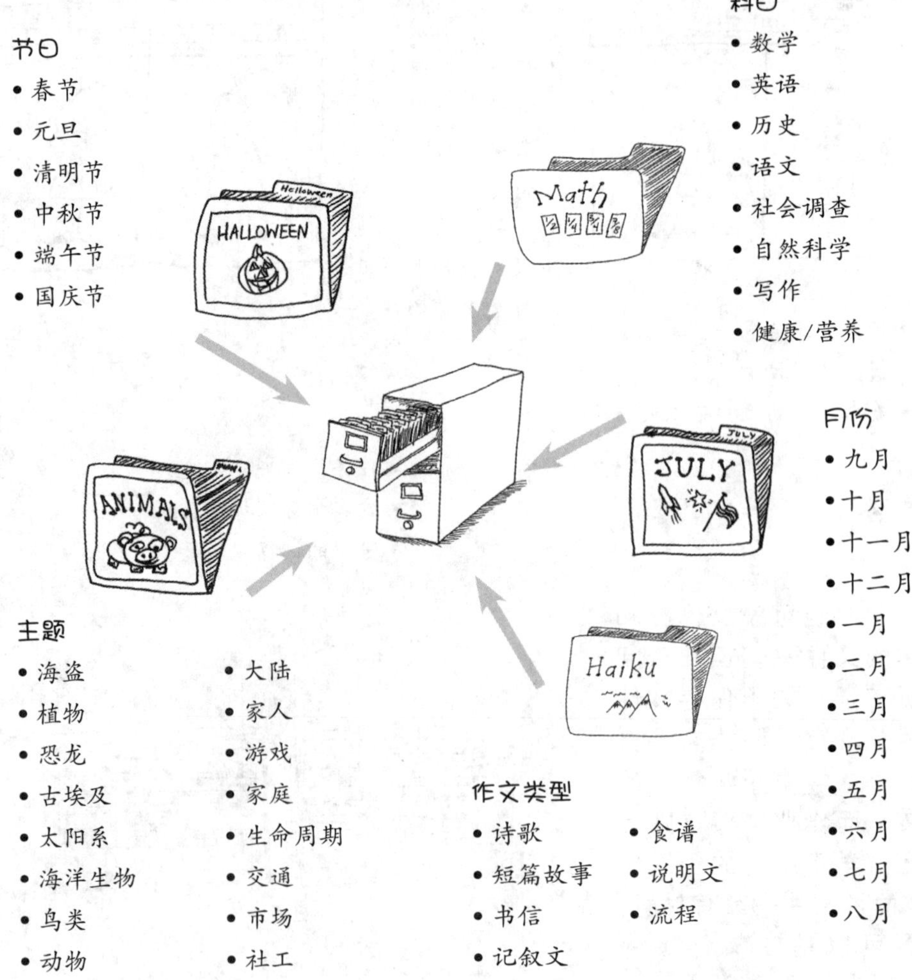

写作模板

对写作桌进行管理可以提高写作过程的效率，每一步都要留出额外的模板，一致性和不断的重复是作文学习的关键。在教室的一个固定地点存放学生的写作过程文件夹和写作文件夹（已完成作品）不仅便于查找，也可以分别练习学生的每个技能（如写一篇三段式议论文）。最好每次集中练习一个技能。

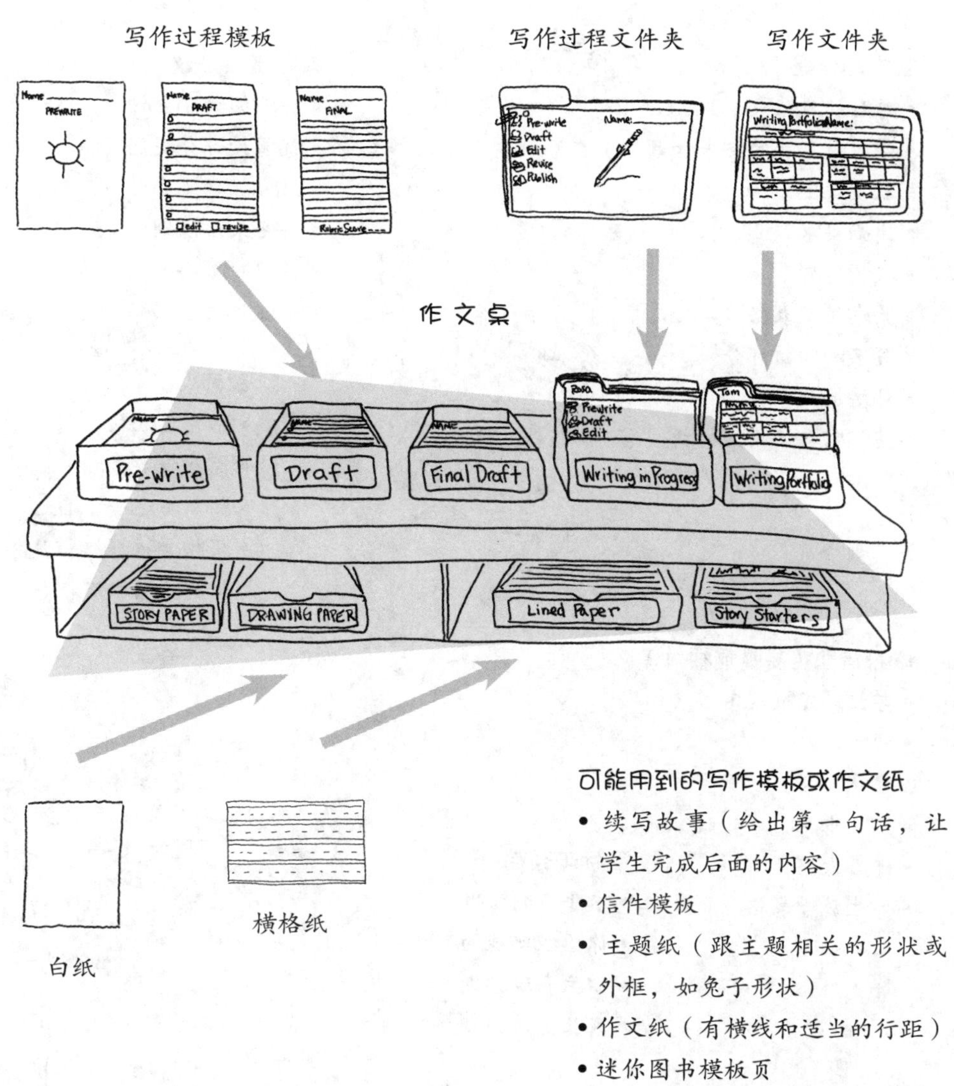

致家长的公开信

教师与家长的沟通是必不可少的，一封好的公开信不仅可以为新学年奠定良好基调，还可以实现很多目标。你可以查阅学校在给家长致信方面的政策，或咨询其他老师。

首先要以个人的名义写信，并列出你的目标和要求。下面提供了一些关于信中内容的想法和提示。

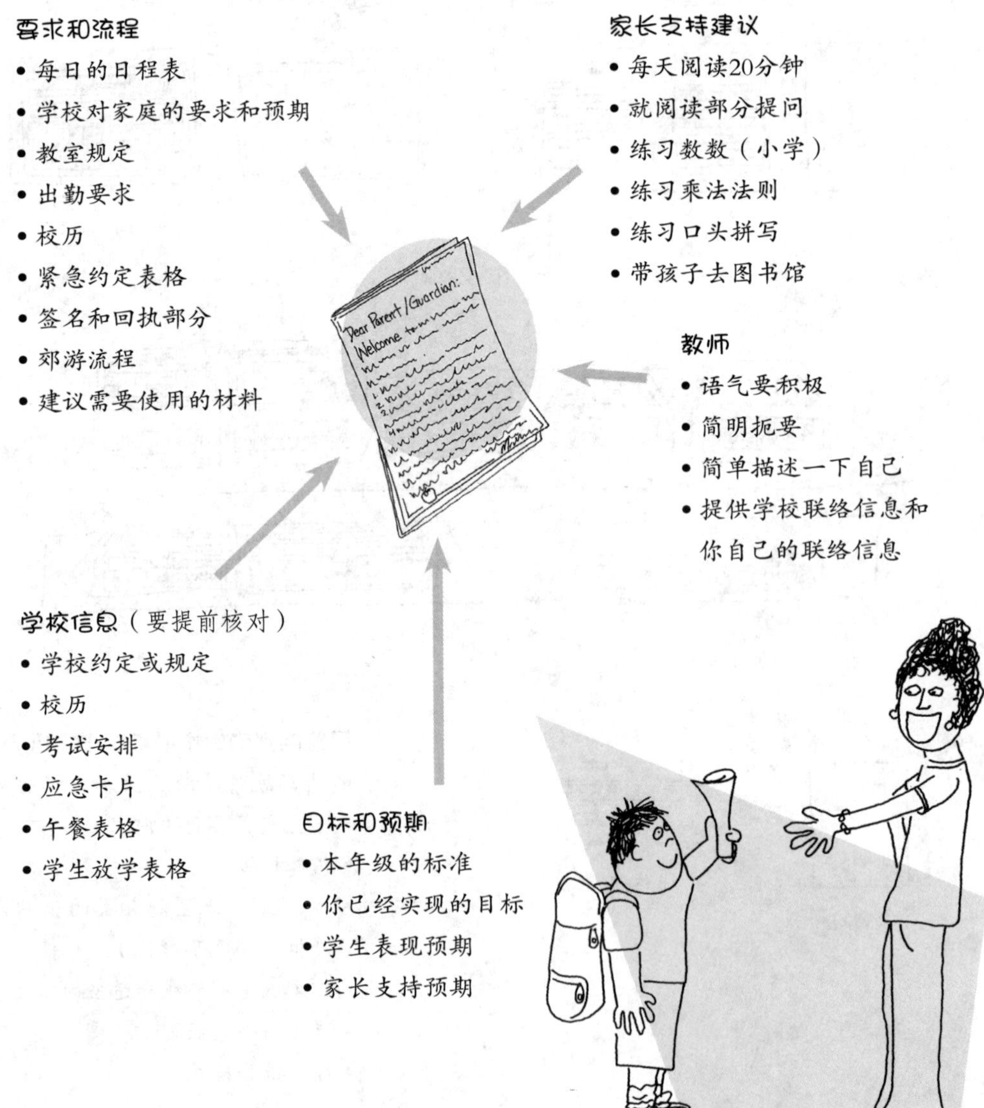

急救包

物品	数量
胶带	1卷
氧吸入剂	5
背包/行李袋	1
创可贴	1盒
电池	4
冰袋	2
急救手册	1
手电	1
口香糖	2包
双氧水	1瓶
布洛芬/泰勒诺	1瓶
医用手套	10副
救生圈	2
荧光棒	2
纸	1叠
纸杯	1包
水笔	1
铅笔	1
湿巾	1包
密封袋	1盒
绷带卷	1
安全别针	1包
生理盐水	1
卫生棉	1盒
剪刀	1把
针线包	1
太阳能毯	1
卫生纸	2卷
垃圾袋	1盒
钙片	1包
镊子	1把
纯净水	1瓶
防水火柴	1盒
口哨	1

设备清单

教师：________ 教室：________ 年级：________ 日期：________

设备	品牌	型号	序列号

7 课堂教学工具箱

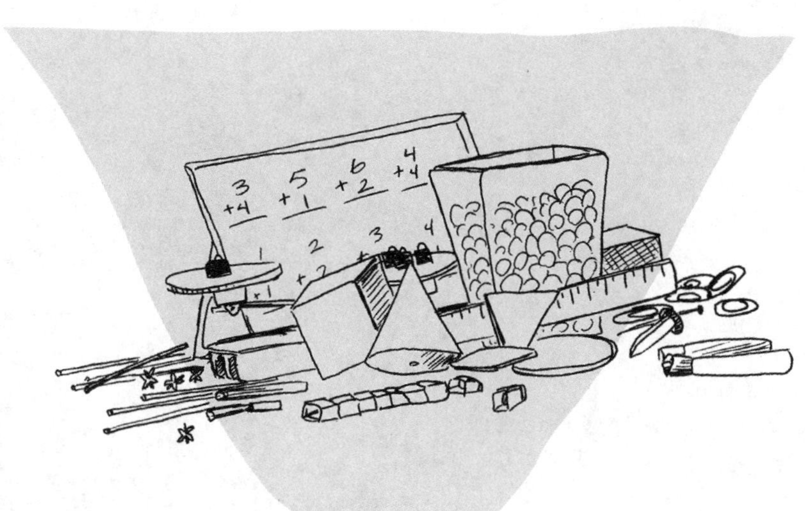

文 具

学校通常会提供文具用品，你可以从指定的秘书那里或学校的文具室领取。负责给你供应文具的专员将会是你非常重要的伙伴！要提前估算好节日和项目需要，以保证充足的供应。当然每个学校政策不同，有的学校会把部分乃至所有的文具（如学生的作文纸）放在一个开放的房间里，教师可以随时领取，因此这方面的信息可以咨询学校工作人员。

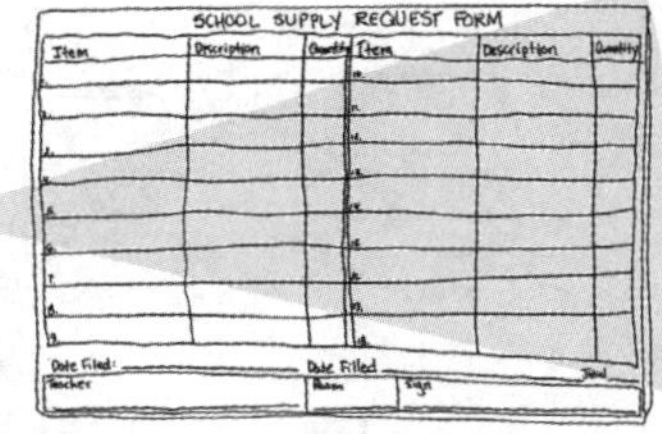

- 文具申请表通常会放在指定位置——办公室或文具室。
- 可能会需要一个复印件。
- 根据学校政策的不同，文具可以自行领取或有专人送达。

美国学校彩纸预定样例

九月、十月、十一月

- 橘色、黄色、棕色、黑色、白色、紫色

十二月、一月

- 红色、绿色、白色、蓝色、橘色、黄色

二月

- 粉色、红色、白色、绿色、黄色、黑色

三月、四月、五月、六月

- 绿色、黄色、白色、粉色

七月、八月

- 红色、白色、蓝色

纸张

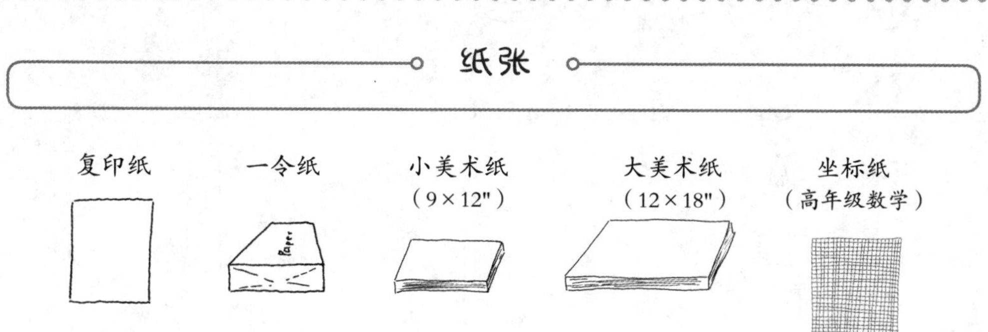

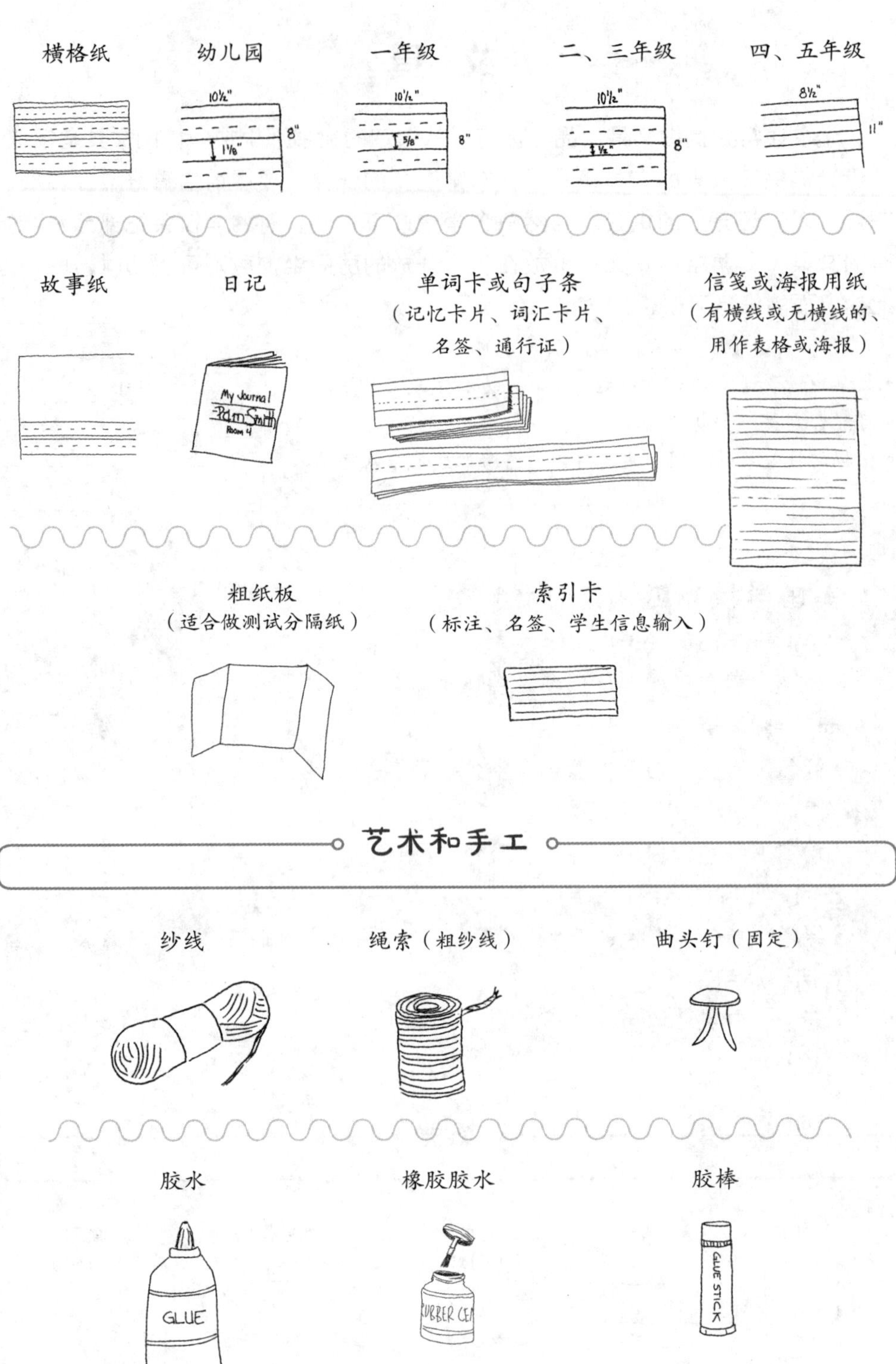
横格纸
幼儿园
一年级
二、三年级
四、五年级
10½"
8"
1⅛"
⅝"
½"
8½"
11"
故事纸
日记
My Journal
Room 4
单词卡或句子条
（记忆卡片、词汇卡片、名签、通行证）
信笺或海报用纸
（有横线或无横线的、用作表格或海报）
粗纸板
（适合做测试分隔纸）
索引卡
（标注、名签、学生信息输入）
艺术和手工
纱线
绳索（粗纱线）
曲头钉（固定）
胶水
橡胶胶水
胶棒
GLUE
GLUE STICK

学生剪刀
胶水瓶
蛋彩颜料
Tempra PAINT
水彩颜料
WATER COLORS
颜料盒（盛液体颜料）
薄棉纸
圆头画笔
扁漆刷
毛毡
管道清洁器
环（大/中/小）
晾衣夹
浆糊
LIQUID STARCH
钱夹或票夹

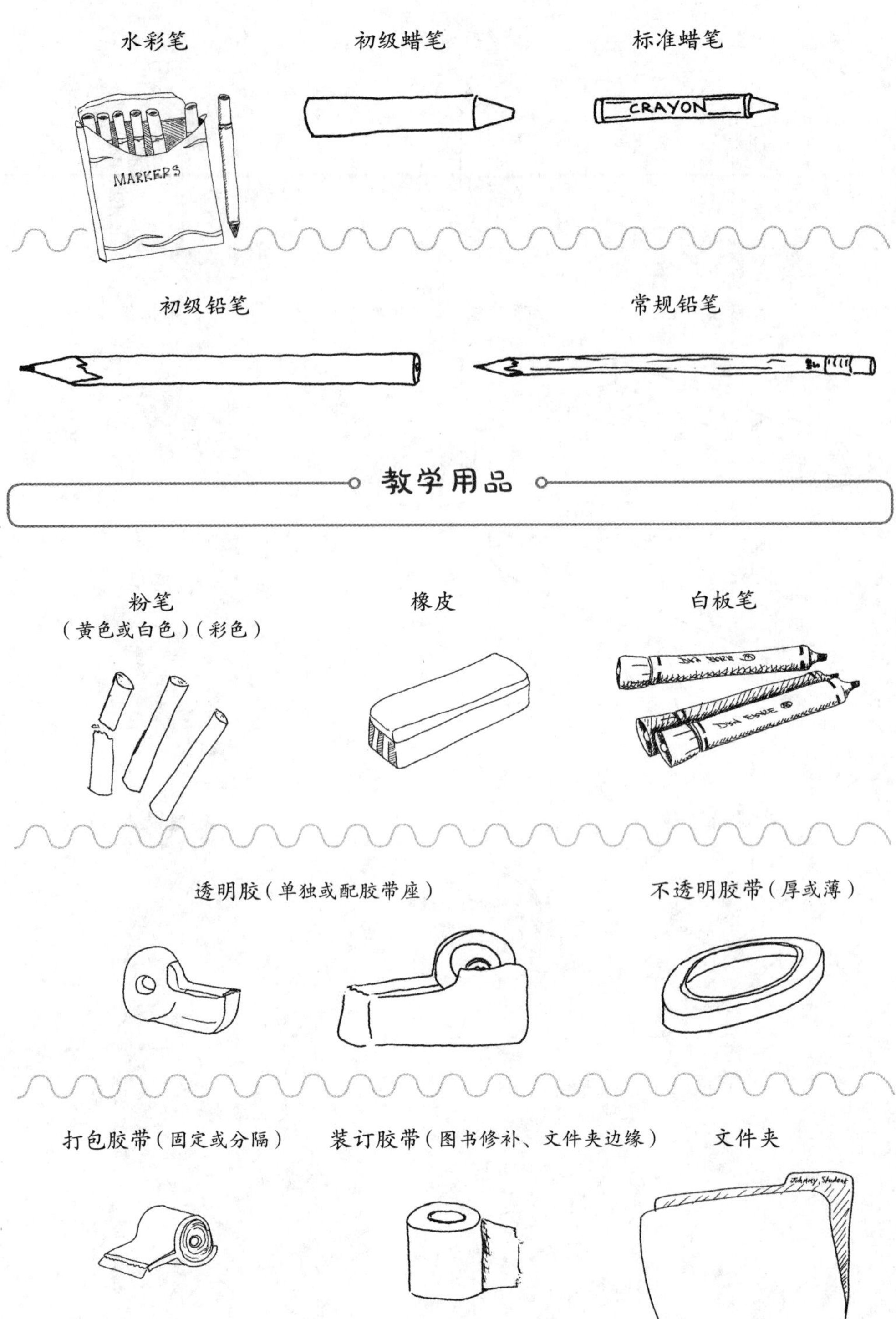
水彩笔
初级蜡笔
标准蜡笔
MARKERS
CRAYON
初级铅笔
常规铅笔
教学用品
粉笔
（黄色或白色）（彩色）
橡皮
白板笔
透明胶（单独或配胶带座）
不透明胶带（厚或薄）
打包胶带（固定或分隔）
装订胶带（图书修补、文件夹边缘）
文件夹

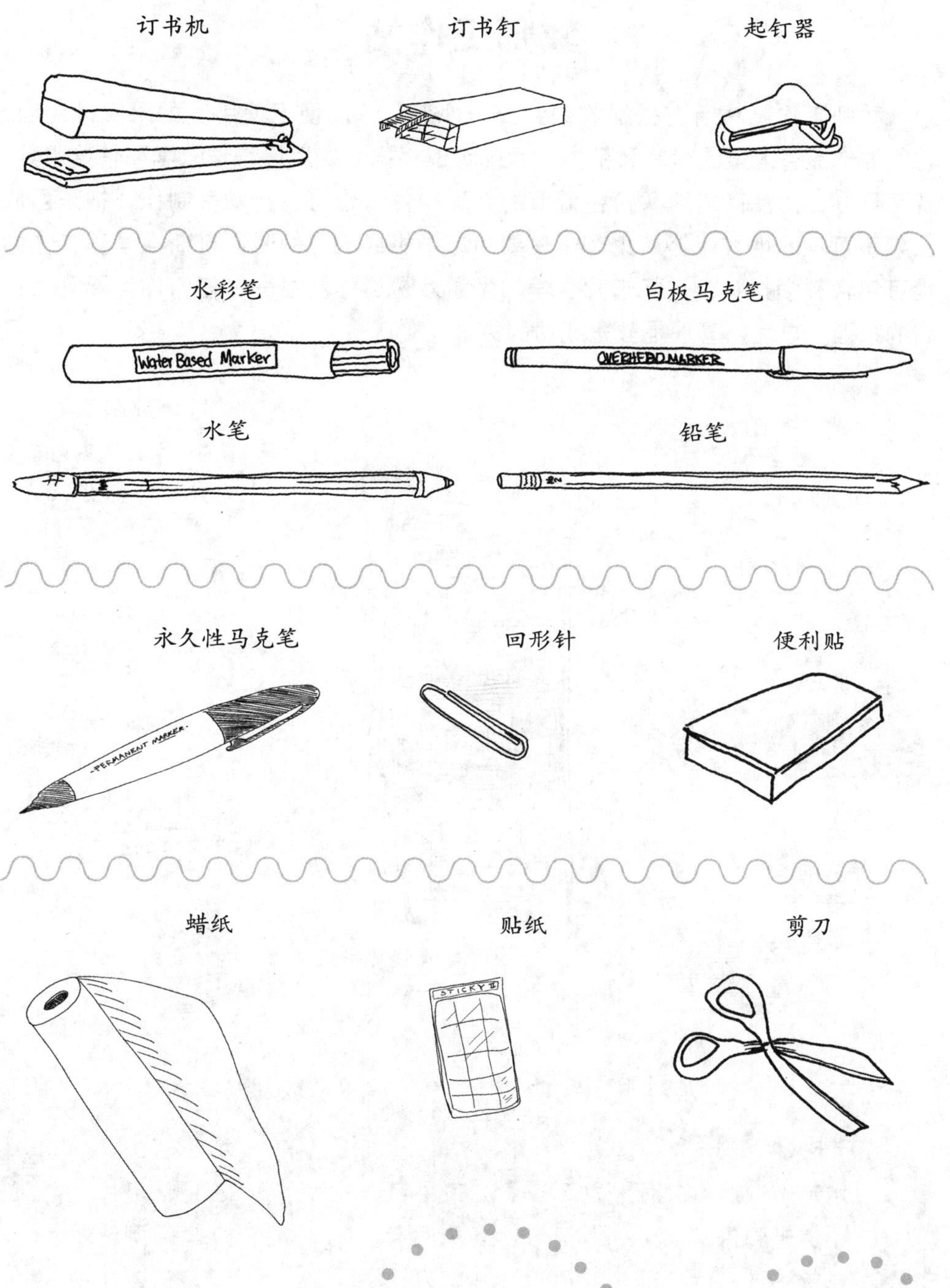

订书机
订书钉
起钉器
水彩笔
Water Based Marker
白板马克笔
OVERHEAD MARKER
水笔
铅笔
永久性马克笔
PERMANENT MARKER
回形针
便利贴
蜡纸
贴纸
剪刀

教师工作站

教师工作站将所有材料收纳到一个地点，从而便于使用。如果安排合理，它能为你节省大量的时间和精力。教师可以根据个人风格管理教学和辅导用具，既可到办公用品商店购买价格低廉的整理组件，也可自己动手制作，把东西放在触手可及的地方能够避免有学生要用订书机或剪刀的时候打断教学。工作站也可包含教学材料、记忆卡片、学习型游戏、迷你图书——任何你需要马上找到的东西。总之，管理是教室成功的关键！

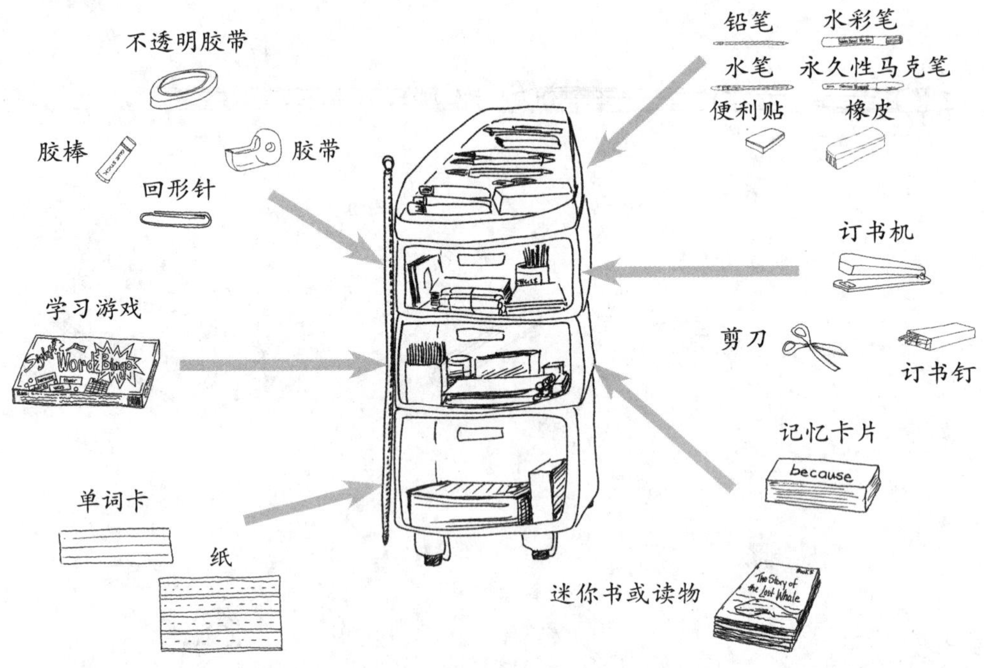

材料：

- ☐ 水笔
- ☐ 便利贴
- ☐ 订书钉
- ☐ 不透光胶带
- ☐ 单词卡
- ☐ 铅笔
- ☐ 橡皮
- ☐ 剪刀
- ☐ 胶棒
- ☐ 纸
- ☐ 马克笔
- ☐ 订书机
- ☐ 胶带
- ☐ 硬纸板

资源：

- ☐ 记忆卡片
- ☐ 学习型游戏
- ☐ 谜语或读物

数学工作站

数学工作站是用来管理与数学相关的教学材料和教具的。低年级教师可以用画架来制作这样的工作站，用托盘盛放物品，把画板作为写字板或用来张贴海报。而高年级的教师可以把物品放在一个触手可及的区域，例如，教室前方附近或教学的重点区域。

这种创意方便管理教具的同时有助于教学的顺利进行。在长时间连续教学时，工作站会成为你的得力助手。

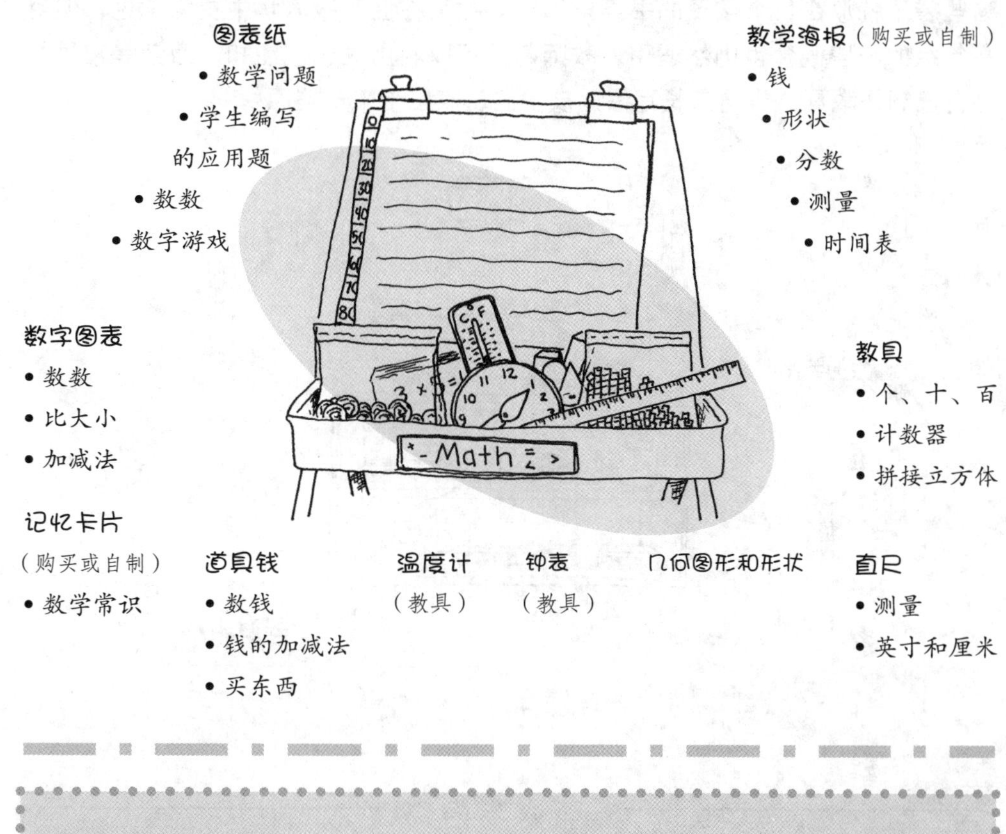

材料：

- ☐ 数字图表
- ☐ 图表纸
- ☐ 教学海报
- ☐ 教具
- ☐ 直尺
- ☐ 几何图形和形状
- ☐ 记忆卡片
- ☐ 钟表
- ☐ 温度计
- ☐ 教具钱

数学教具

教具是有形状、可触摸的数学教学辅助工具，它们为学生提供了视觉和触觉的学习方式，有些学生需要通过教具对已学的概念进行巩固，而所有的学生都可从中受益。要注意的一点是，在使用教具时，需要留给学生一些自己探索的时间。随着时间的推移，他们就不会被教具分散注意力，而逐渐把它当作一种学习工具。你可以将教具放在袋子里保管，这样在分发和收回的时候也更加容易，或者给每个学生准备一个教具袋，里面配备一套经常会用到的教具，而这些袋子就放在每个孩子的书桌里即可。教具在低年级教学中更为常见，但对高年级的一些概念也仍然适用，教师甚至可以利用豆子、纽扣、瓶盖等常见物品自己制作教具，或给家长写信让孩子们从家里带来一些原材料。

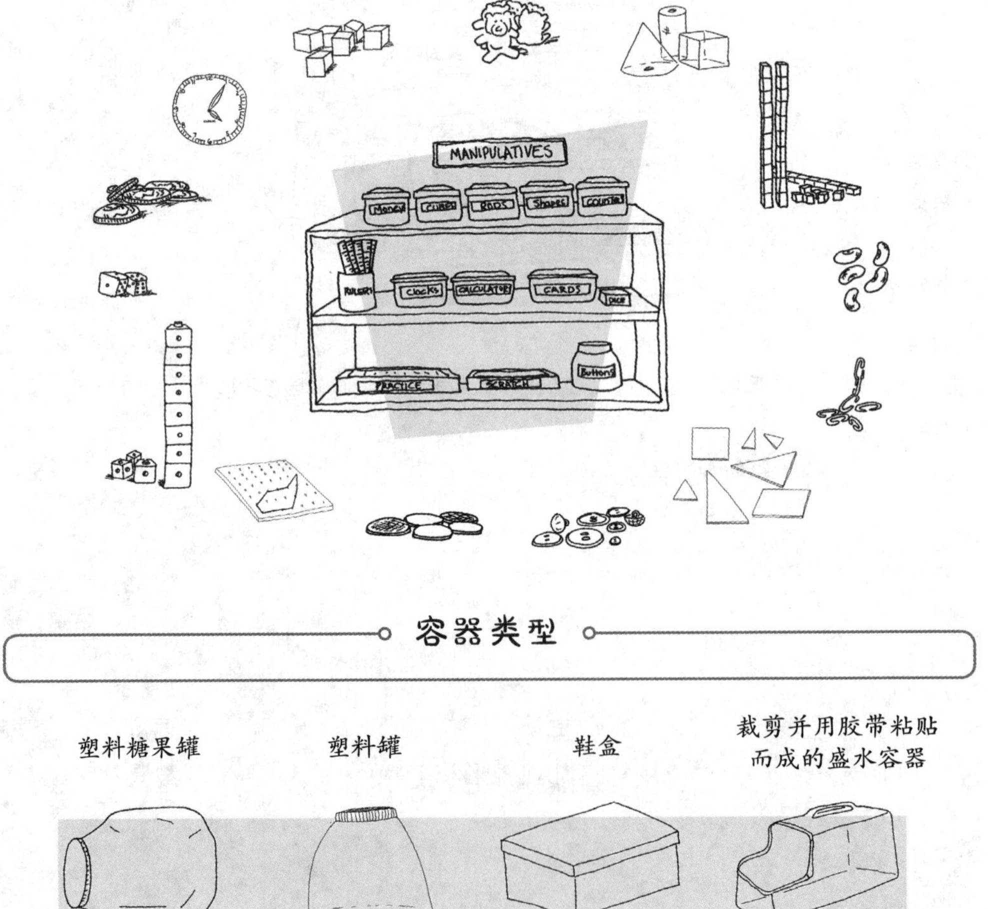

数学教具使用指南

豆子
- 数数
- 排序
- 加减法
- 代表十位和个位的小棒
- 摆出图形

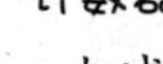

计数器
- 加减法
- 数字表格
- 概率

钱
- 数钱
- 钱的加减法
- 买东西
- 概率

小熊（动物）
- 数数
- 排序
- 加减法
- 摆出图形

骰子
- 概率
- 加减法

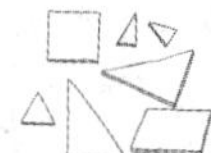

七巧板
- 形状
- 几何
- 谜题

方块或立方体
- 数数
- 排序
- 加减法
- 摆出图形

模型
- 几何
- 体积

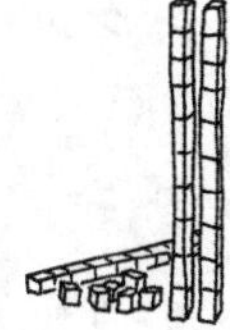

条块棒
（十位、个位）
- 个位、十位、百位
- 两位数
- 加减法
- 重新组合

纽扣
- 数数
- 排序
- 加减法
- 摆出图形

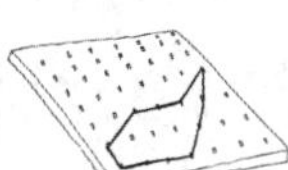

几何板
- 几何
- 形状
- 角度
- 面

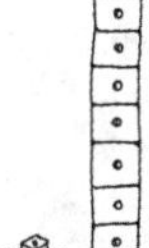

组合立方体
- 数数
- 排序
- 加减法
- 摆出图形
- 测量

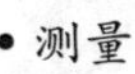

钟表
- 读取时间

链接环
- 数数
- 排序
- 加减法
- 摆出图形

多米诺骨牌
- 数数
- 加减法
- 摆出图形
- 排序

电子产品

21世纪的教室提供了很多高科技教学的实践机会。除了电脑这个最常见的工具外，还可使用其他电子产品。

许多学生都有自己的电子产品，这也是现代学生的特性，而且他们通常比大人还要擅长。即使暂时没有电子产品的学生也懂得如何操作。

温馨提示：

- 根据软件的不同，有可能需要连接无线网络（WiFi）。
- 如果全班同时使用，可能会影响网速。

管理：

- 注意要遵守学校关于电子产品使用的要求，有的学校可能要求在教室外使用电子产品。
- 保持电量充足。
- 如果设有班级设备，可以制定签到制度，让每个学生都有机会轮到。
- 购买普通价位的耳机即可。
- 使用签到制度来记录设备的使用情况。
- 如果要使用学生的个人设备时，给家长写信说明为什么学生要带iPad等设备到学校，以及用设备来做些什么。
- 把免责声明交给家长签字，证明任何破损、丢失等与你无关。
- 明确使用、保管、护理的规定：
  - 小心轻放
  - 共享
  - 仅使用指定的软件
  - 在指定时间内使用
  - 使用完连接到充电器

一周备忘录

下面是一周备忘录的模板，或许能够给你一些启发。有了这个清单，就不会落下东西了。

我准备好迎接新的一周了吗？ 第______周

- ☐ 课程计划
- ☐ 考勤卡或点名册
- ☐ 日历
- ☐ 教学材料：______________________________
- ☐ 拼写词汇
- ☐ 家庭作业
- ☐ 削好铅笔
- ☐ 粉笔或马克笔
- ☐ 纸张
- ☐ 美术用品：______________________________
- ☐ 郊游或集合：______________________________
- ☐ 每日行程
- ☐ 家长通知
- ☐ ______________
- ☐ ______________

我准备好迎接新的一周了吗？ 第______周

- ☐ 课程计划
- ☐ 考勤卡或点名册
- ☐ 日历
- ☐ 教学材料：______________________________
- ☐ 拼写词汇
- ☐ 家庭作业
- ☐ 削好铅笔
- ☐ 粉笔或马克笔
- ☐ 纸张
- ☐ 美术用品：______________________________
- ☐ 郊游或集合：______________________________
- ☐ 每日行程
- ☐ 家长通知
- ☐ ______________
- ☐ ______________

单元计划

本页的清单意在帮助你设计整个单元的教学计划。有了这个清单，能确保在设计教学单元时覆盖课程的主要内容。下面给出了一个单元计划的例子，更清晰地展示了单元计划的内容，教师应尽量配合课程安排，并囊括多个科目。

教师：J. 萨拉莉特　年级：一　教室：20　日期：2012/5/8

单元计划

科目：阅读

- 朗读——总结/预测/排序
- PPT/投影仪——顺着课文，让学生跟着，齐声朗读
- 阅读——学生在阅读时用水果和毛虫玩偶表演

材料：《饥饿的毛毛虫》复印件

科目：作文

- 制作翻页书展示故事的顺序
- 学生写出蝴蝶的蜕变过程：它要去哪？在哪生活？吃什么为生？有哪些朋友？
- 给饥饿的毛毛虫写一封信

材料：提前用纸和/或美工纸制作翻页书

科目：数学

- 查每天孵出的数量
- 大于和小于——提问“毛毛虫在周二和周五吃的更多还是更少呢？”
- 用水果教具做算术题（+/–）
- 应用题

材料：书上的图片，水果教具

主题：坚持不懈
周期：2–4周

科目：科学

- 蝴蝶的生命周期——故事中的图片；联系其他生命周期
- 植物——种子到果实
- 健康——食物金字塔中各种食物的位置，讨论重要性，列举最喜欢的食物。
- 制作水果沙拉——词汇

材料：书上食物金字塔和蝴蝶生命周期的图片，水果类型

科目：社会研究

- 提供营养补给的社区帮手——农民、面包师、厨师、杂货店雇员、医生、营养师等；列举并讨论
- 商业周期——农场、船/飞机、卡车、商店、饭桌

材料：社区人员的图片，周期模板

科目：艺术

- 配色——原色纸巾，例如，蓝色和黄色配出绿色
- 拼贴/艾瑞克·卡尔的风格——用美工纸碎片和胶水制作毛毛虫
- 用冰棒棍和纸制作水果/毛毛虫玩偶

材料：纸巾，冰棒棍，美工纸，胶水

单元计划

教师：________ 年级：________ 教室：________ 日期：________

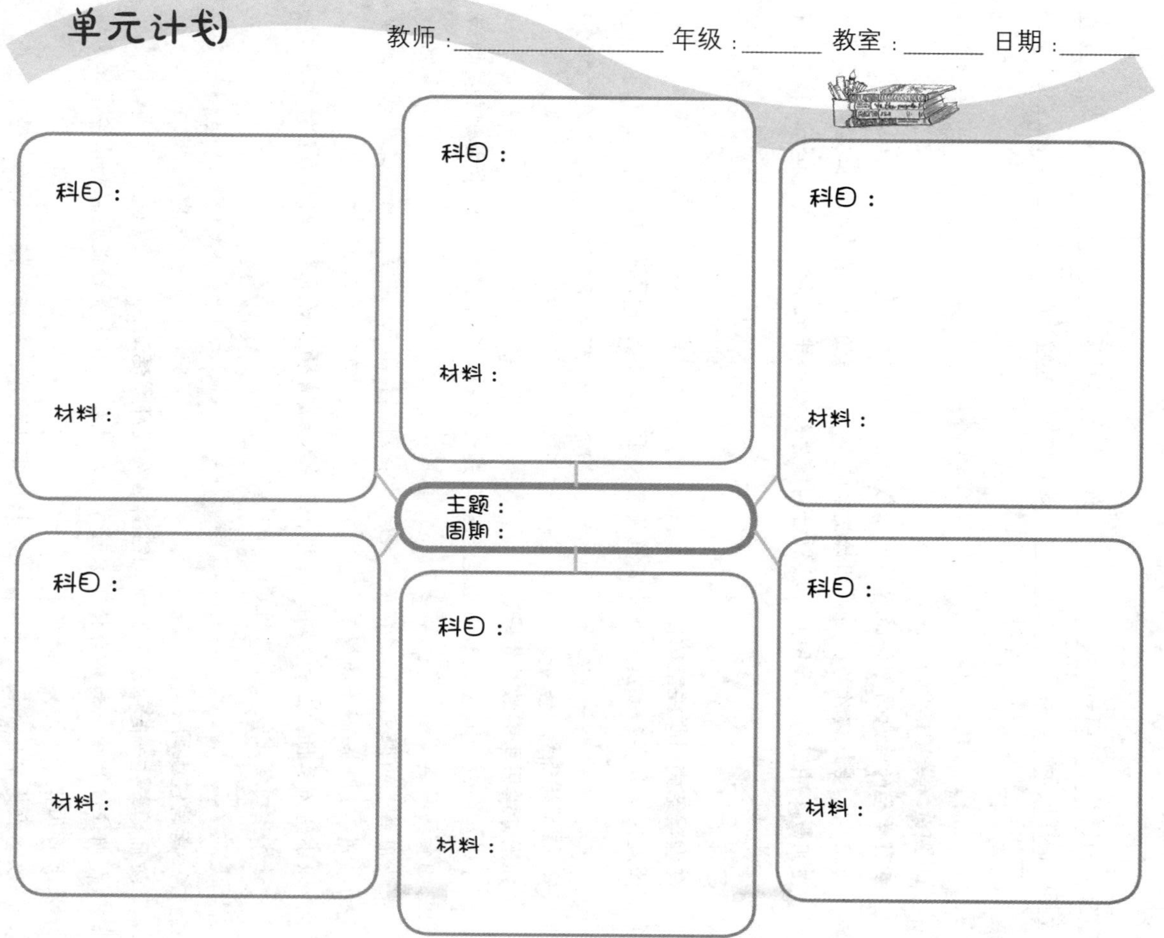

指导性简易教学

指导性简易教学范例

题目：饥饿的毛毛虫　　单元：数字常识　　年级：一
教师：伯斯安尼　　建议课时：45分钟

1. 预设场景和框架：

吸引学生的注意力；将新学的内容与以往的知识相联系。

使用毛毛虫玩偶作为旁白，阅读艾瑞克·卡尔写的《饥饿的毛毛虫》。

使用故事中的课文和图片，按照时间顺序给故事中的事件排序（第一，第二，第三，第四等等）。

目标：

在课程结束时学生能够：

能在课堂任务和家庭作业中正确使用大于、小于、等于符号。

2. 展示和流程：

列出你要采取的教学步骤。

和学生一起，数出故事书上毛毛虫每天吃东西时留下的孔。让学生数出星期六毛毛虫吃的食物种类。

使用书上的课文，通过提问"毛毛虫在周二和周五吃的更多还是更少呢？"等让学生回顾几个大于和小于的例子。

以小组为单位，让学生判断课文中每种水果/食物上的孔数，然后再对比每天的孔数。

让学生回答比较大小的问题。

3. 指导性练习：

教师和学生一起举出与目标相符的事例或开展活动。

在朗读过程中，教师会停下来让学生总结和预测故事的发展，并让学生注意到每个水果上的孔。

以全班为单位，由教师和学生一起给事件排序，教师先模拟大于、等于、小于的操作，然后让学生以小组为单位数出剩余的孔数。

教师在教室内走动，了解学生对概念的理解程度。把每页的页码、食物种类和孔数记录在一张清单上。

4. 检查理解程度：

用快速简单的测试来巩固学生的理解。

教师用不同的问题来提问学生，增强互动，又检验学生的理解和巩固记忆。

5. 独立练习：

学生独立完成符合目标的任务。

让学生用大于、等于和小于符号回答问题。

例子：8____4

7____7

6____9

6. 测验、家庭作业或计划：

选择一种方法确保学生加深理解。

使用故事中水果的图片，让学生给水果和相应的孔数连线，学生同样要用到比较符号。

7. 内容标准：

数字常识。

学生能理解并运用一百以内的数字。

一百以内的数字数、读、写。

一百以内数字比较大小。

8. 调整、特殊需求或技术组成：

特殊需求——确保给需要的学生多留一些时间，对适应显性知识的学生进行一对一辅导，把两两组合互帮互助的同学座位安排在一起。和需要提前教学的同学一起预习故事（有阅读困难的学生，注意力不集中的学生等）。

9. 材料：

艾瑞克 · 卡尔的《饥饿的毛毛虫》。

书中每种水果的图片，上面有相应的孔数。

教师就课文提出的问题。

水果卡片。

指导性简易教学计划表

题目：________________ 单元：________________ 年级：__________

教师：________________ 建议课时：________________

1. 预设场景和框架：

目标：

在课程结束时学生能够：

2. 展示和流程：

列出你要采取的教学步骤。

3. 指导性练习：

教师和学生一起举出与目标相符的事例或开展活动。

4. 检查理解程度：
用快速简单的测试来巩固学生的理解。

5. 独立练习：
学生独立完成符合目标的任务。

6. 测验、家庭作业或计划：
选择一种方法确保学生加深理解。

7. 内容标准：

8. 调整、特殊需求或技术组成：

9. 材料：

每周教学重点表

下面几页的模板可以用作给家长和监护人的信息更新表，使他们了解你的教学重点。教师应该根据地区标准制定自己的教学重点，此信息表不仅能够让家长了解你的教学进度，同时可以让家长知道应该关注孩子的哪些方面。如果合理利用的话，这张表格能够让家长和监护人在孩子的学习中承担相应的责任，也能减轻你的教学负担。

每周重点标准范例

下面是本周教学的标准，您可以根据该标准来督促孩子在家里的学习，从而巩固学校所学的知识，感谢您的支持！

写作/语文：在写作时使用描述性词语。

数学：说出比某一数字大1、小1、大10、小10的数字。

科学/社会科学：学生应知道什么是固体、液体、气体。

艺术：学生在绘画中应学会辨认和使用不同的线条。

*如果您有任何疑问，请联系先生/女士 Wasley

联系电话 208.444.1000

- 咨询校方或上网查找教学标准。
- 该表格能够有效地让家长参与到孩子的教育中来。
- 试着每周或每月给家长寄纸质版表格或发电子邮件。
- 在寄给家长前，和学生一起核对这些标准，让孩子们了解自己所学的内容也是教学的有力手段之一。
- 标准尽量简明扼要，可以重新编辑标准的语言，使家长更容易接受。

每周重点标准

下面是本周教学的标准，您可以根据该标准来督促孩子在家里的学习，从而巩固学校所学的知识，感谢您的支持！

写作/语文：______________________________

数学：______________________________

科学/社会科学：______________________________

艺术：______________________________

*如果您有任何疑问，请联系先生/女士____________ 联系电话____________

每 月 重 点 标 准

下面是本月教学的标准，您可以根据该标准来督促孩子在家里的学习，从而巩固学校所学的知识，感谢您的支持！

写作/语文：______________________________

____

____

数学：______________________________

____

____

科学/社会科学：______________________________

____

____

艺术：______________________________

____

____

*如果您有任何疑问，请联系先生/女士______________ 联系电话______________

日 程 表

教师：________________ 教室：________________

学校：________________ 学年：________________

时间	科目或活动

每周计划表

制定一周计划最好的方法就是清晰地写出每天的安排，做好准备可以帮助你完成所有计划而不至于遗漏。这个“每周计划表”模板能够有效地帮助你安排一周的日程。课程计划手册往往太过注重细节难以让教师把握全局，而周计划表格则可以让教师清楚地了解主要目标。

这张图表，不需要教师像填写教学计划手册一样，标出每个步骤和标准，而只是一个相对精炼的版本，如填写“分数加法”或“整数减法”即可。使用这种方式，一周的计划一目了然，也可填写会议、职业发展、午餐或休息值班等，便于查阅。做好每周的准备是教学成功的关键。

周计划表 周							
星期一							
星期二							
星期三							
星期四							
星期五							

学年评估

下面是你所在学校或地区可能要求的文件和评估的概览，做好下面的工作是成功的一半。

学年初

- ☐ 注册 ______男孩 ______女孩
- ☐ **紧急联络信息卡**（查阅学校流程——通常可以在办公室找到）
- ☐ **公开正式记录**（查阅学校的格式和流程）
- ☐ **学校文件**（查阅学校申请表、合同、政府资助表格等）
- ☐ **评估文件**（有的学校在正式评估前，还需要你提交职业目标和长期计划，核查登记流程、合适的日期、对你进行评估的人员、评估的科目）
- ☐ **代课文件夹**（有的学校可能需要提交不超过三天的信息，以防备代课或紧急状况的发生）
- ☐ **初级评估**（个人评估、校级评估，例如，申请资助项目的评估）
- ☐ **文件夹和评估文档**（在开学初的几天内建立初步样本）

学年中

- ☐ **评估**（向学校了解地区评估日程表，进行个人年中评估，有的地区会对数学和阅读进行为期六周的评估）
- ☐ **连续的文件记录**（有些地区要求你填写并上交每月的出勤评估或登记）
- ☐ **正式评估**（咨询是否要对你进行评估，评估哪个科目，以及有什么预期。定好正式评估的日期，并核查要进行多少次非正式评估）

学年末

- ☐ **完成正式的记录和保存**（查阅学校的流程和截止日期）
- ☐ **重新分班**（有的学校会进行班级重组，每名教师要根据学生的性别、能力、表现和语言水平对学生进行分类，从而组建能够满足学生需要的班级）
- ☐ **清理教室的设备**（列出所有设备的名称和序列号）
- ☐ **归还教科书和图书馆的书籍**（列出条形码并归还）
- ☐ **上交所有的出勤记录**（将铅笔书写的地方都用墨水笔填好）

8

课堂教学技巧

HOMEWORK
CLASS RULES
1.
2.
3.
TURN-IN
PAPER
ACTIVITY
MANIPULATIVES
SUPPLIES
TRASH
SCISSORS
GLUE
CURRICULUM
GAMES
Social Science
ESL
SCIENCE
MATH
PUZZLE
PUZZLE
BLOCKS

吸引注意力的小窍门

无论是新入行的教师还是即将退休的老教师，都会有一些吸引学生注意力的小窍门。当然，幼儿园教师需要使用的信号最多，其次是低年级教师，而高年级教师使用的最少。下面提供了几种信号仅供参考。

1. 关灯

这种方法十分普遍，适用于各个年级，而且收效很快。

2. 击掌

同样是一个简单有效的暗号，任何简单的节拍或击掌都可以，"听讲的同学请击掌！"

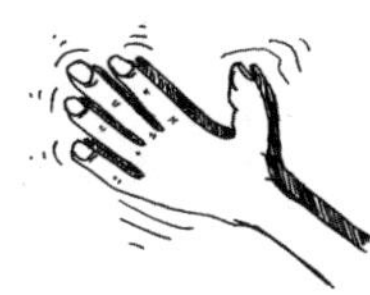

3. 口号

这种方法比较适用于低年级教师，用一个简单易学的短语即可，幼儿园教师中比较流行的一个口号是"十字交叉！"

4. 摇铃

同样是一个简单快速的方法，摇铃既适用于各个年级，又能迅速吸引学生的注意力，也可用口哨代替摇铃。

5. 手势1到5

这种方法无需出声，当你想让学生安静下来时，就可以用这种手势来吸引学生的注意力。方法就是依次伸出某一手的五个手指：1.停下来；2.告诉旁边的人停下来；3.看；4.听；5.等待信号或指示。

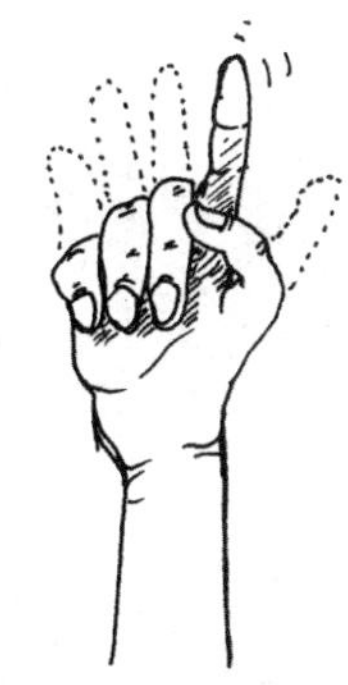

6. 无声的信号

有些无声的手势可能会帮上大忙，如果你正在与同事交谈，或不想大喊的时候，一定别忘了使用手势！最常见的手势之一就是举起两只手指，意味着保持安静。你也可以在班里试验这些手势对学生是否有效。

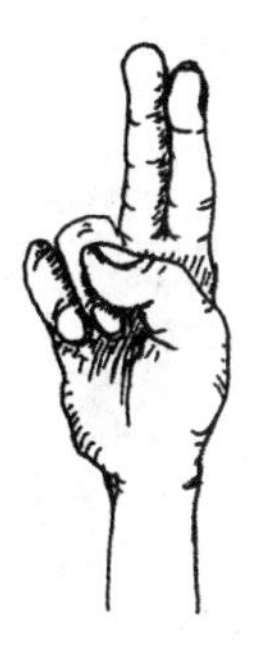

7. 播放学生最喜欢的音乐

当从一堂课或一个活动过渡到下一个活动时，以及休息、午餐或放学前，可以播放一段音乐作为过渡的标志，可以把遥控器放在口袋里以便操作。

集中注意力的方法

为什么要使用教学信号？它的意义何在？这些集中注意力的小窍门可以在教室内外发挥无限作用。下面几点解释了为什么要使用教学信号来吸引学生的注意力。

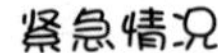

紧急情况

这大概是教师使用信号最充分的理由了，在遇到紧急情况时，一个暗号就能很快让学生集中注意力：停、看、听。

转换科目

在转换科目时，暗号能够起到节约时间的作用。在给出信号后，最好引入一系列的后续步骤。

课堂引导

只需要简单的口号或击掌即可。在课堂上，经常会出现一个学生回答完问题，其他学生随便发言的情况。当发生这种情况，或学生走神时，可以用这种方法来快速吸引他们的注意力，一个很好的暗号是“听讲的同学请击掌！”

有客来访

这时很适合使用无声的手势作为暗号。当有访客前来打断了教学时，你可能正忙于和客人对话，因此可以用这种方式让全班安静下来。

休息或放学

在休息和放学时，可以使用一种暗号示意学生离开教室。不同的信号有不同的含义，最好的方法就是关上灯，既简单又安静并且十分有效。

面对学生的求救信号

无论你在何处任教，你的学生都会遇到各种各样的问题，也就是说，在他们的校外生活中，什么都有可能发生——有好事，当然也会有不尽如人意的事。当学生的家庭经历困难时期时，教师应该用自己特有的直觉洞悉学生的问题。在发生这些问题时，学生可能会有不同的表现，这通常是他们潜意识中发出的求救信号。如果学生出现了这类行为，你要对学生的情况进行调查。通过与学生的前任教师交流、查阅学生档案、咨询校长的意见、与学校的心理咨询师以及顾问交谈，或可能的话与家长/监护人见面，方可得出结论。另外也不必因为学生出现了如下表现，就立即诚惶诚恐，那可能只是说明你需要对该生予以一些额外的关注。

- 缺勤率高
- 缺乏自信
- 频繁搬家
- 人缘较差
- 留级
- 破坏性行为
- 不能遵守规定
- 经常性的身体问题
- 沉默寡言
- 健忘
- 单亲家庭
- 不成熟、易受影响
- 频繁被惩罚或开除
- 容易走神
- 马虎大意
- 课堂表现较差
- 不完成任务
- 不交作业
- 特殊的生活情况
- 嗜睡
- 食欲不振
- 其他

家长通知单

给____________________的家长

日期：____________________ 写信人：____________________

通知事由：

☐ 表现异常 ☐ 不能完成或忘记作业 ☐ 认真听讲 ☐ 缺勤或迟到

☐ 态度端正 ☐ 不听从教师指示 ☐ 课堂任务出色 ☐ 表现不佳

☐ 家庭作业出色 ☐ 其他

评语____

____

请 ☐ 签字并返回 ☐ 与学生谈话

☐ 联系先生/女士__________________________ ☐ 安排见面

家长通知单

给____________________的家长

日期：____________________ 写信人：____________________

通知事由：

☐ 表现异常 ☐ 不能完成或忘记作业 ☐ 认真听讲 ☐ 缺勤或迟到

☐ 态度端正 ☐ 不听从教师指示 ☐ 课堂任务出色 ☐ 表现不佳

☐ 家庭作业出色 ☐ 其他

评语____

____

请 ☐ 签字并返回 ☐ 与学生谈话

☐ 联系先生/女士__________________________ ☐ 安排见面

管理助教的工作

作为教室的主人，教师不仅要管理学生，也要管理助教的相关事宜。所谓助教，就是指受雇来协助你完成教学的人员。如果你的教室配有助教，那么你可能在想如何安排他或她的工作，这是很正常的，因为无论是初来乍到，还是经验丰富的教师，都会遇到这样的问题。下面的一些建议可能会对你有所启发。

特别提示

1. 清楚地划分助教所要做的工作和参与的部分。每天要给助教简洁明确的工作指示，有经验的助教往往非常能干，并且十分适应教室的环境；但助教通常都没有教师资格证书。可以每天/每周为助教提供一个工作清单，这样如果助教在你授课时来到教室，他或她就能清楚自己的职责。

2. 和助教保持友好的关系，但要把握好分寸，这样有利于你管理教室。

3. 记住，你才是教师！每一天的教学预期和任务都是由你负责的，所以要确保你是拥有决定权的人。但这并不意味着你要苛责或专横，只是要你保持素养，用友好的方式指导助教的工作。

4. 善待你的助教，保持微笑并肯定他们的工作。助教和教师一样，在受到表扬时会做得更好！

有效的助教活动

下面列出了一些助教可以开展的有效活动。

辅导后进学生

助教每天单独辅导后进的学生，收效十分明显。教师应列出需要辅导的学生名单和技能，让助教清楚自己的职责。同时，这项活动还能让助教与学生建立一对一的关系，也让助教的工作更有意义。

小组辅导

教师可让助教组织一组学生，针对一项需要提高的特定能力进行小组辅导。

测验

助教可以帮助你做好测验工作，可以是单纯的记录分数，或者进行实际的测验，这样可以为你节省一部分时间。但当你想自己了解学生的实际水平时，就要亲自完成这项工作了。

单独监督

助教虽然不是一对一的家教，但也可以在特定的课程上，帮助一到两名学生集中注意力。最好的方法就是在上课过程中，让助教坐在学生旁边。

指导全班课程

如果教师想对学生进行单独辅导，那么在辅导的同时，就可以让助教来带领全班进行学习。你也可以提前培训助教，这样在有访客或你想为学生做一到两周的单独辅导时，就有备无患了。

做好记录

可以利用每天最后一点时间，让助教做好这项工作，比如，整理登记已经判好的试卷测验，或写推荐信等其他工作。

助教工作清单

学生姓名：______ 年级：______

助教姓名：______ 日期：______

教师姓名：______ 教室：______

日期	课程内容	后续技能辅导	重点标准

注：

接管插班生

你班里可能会偶尔加入一些插班生，这种情况通常还是会尊重以教师意见的。当然，如果因某位教师缺勤，而又没有找到代课教师，从而将学生临时分配到各个教室听课则另当别论了。

插班生可能在你班里待上几分钟、几个小时，甚至几天。下面提供了应对此种情况的几点建议，能够让插班生尽快适应你的教学。

准备一种欢迎方式，给插班生安排一对一的同学小帮手、特定的座位，并布置相应的任务，因此在准备材料时要额外多备几份。

准备额外的练习手册能够让插班生迅速跟上班级的进度。常备额外的练习手册，则遇事无忧。当然这种方法在只有一到两个插班生的时候比较有效——如果一下子来了五六个插班生，你就要开动脑筋了！

练习手册的确能够让插班生迅速跟上班级的进度，而另外一个方法就是在文件夹中准备一些练习清单，这样能够让学生一直有东西可学。文件夹应放在方便拿取的地方，而练习清单的难度应该能够让学生独立完成，并具有一定的趣味性，可以提前做好以备不时之需。

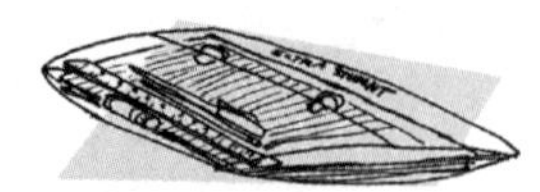

在学年伊始，最好把包括练习手册在内的所有材料都额外准备几份，说不定插班生会正式变成你的学生！

整理代课文件夹

当教师缺勤时，代课文件夹就能派上用场了。教师的缺勤可能是计划中的，也可能是意料之外的。如果教师提前知道自己不能来上课，可以准备更详尽的教学计划，因为内容充实的代课文件夹能够提供相当丰富的资源。最好把文件夹放在方便拿取的地方，里面附上与课程相关的简单说明，这不仅能够减轻代课教师的负担，同时也有利于课程的顺利进行。

文件夹封面

最好使用颜色鲜艳的封面，较为显眼，亮黄色或金色都是不错的选择！

第一页

这一页应涵盖学校、人员和管理的基本信息。

第二页

该页中应包含每日的课程计划，因班级而异，并且每年要进行更新。

第三页

此页中包含了教室座位表。

保持简洁

由于代课教师通常只会停留一至两天，因此代课文件夹简明扼要即可。

活动清单

在此清单中准备一些代课教师可以进行的活动，以备不时之需，其中应包括三个科目领域，即数学、语文和科学，也可涵盖紧急预案和插班生推荐表。

代课反馈表

代课教师可以填写这张清单，以便告知你这一天的教学情况，同时也让学生知道你可以通过代课教师了解他们的表现。

代课基本信息

欢迎！

学校：______________________________

地址：______________ 电话号码：______________

校长：______________ 副校长：______________

顾问：______________ 办公室：______________

办公室主任：______________________________

保管员：______________________________

护士：______________ 医务室：______________

学校上课时间：______________ 放学时间：______________

代课教室：______________ 教师：______________

更新时间：______________________________

可以咨询的两名教师有：______，教室：______和______，教室：______。

学生到达学校的地点：______________________________

午餐区域：______________________________

放学离校地点：______________________________

协助管理教室运行和相关信息的学生是：__________和__________。

助教：______________ 工作时间：______________

注：______________________________

____

____

备选联络方式：

办公室：__________ 图书室：__________ 医务室：__________

顾问：__________ 第一位教师：__________ 第二位教师：__________

紧急情况：__________ 火警：__________ 警察：__________

其他：__________ 其他：__________ 其他：__________

代课反馈表

姓名：________________ 人员编号：____________ 电话号码：____________

总结：

完成的任务：

未完成的任务：

班级：

协助的人员：

事件：

担忧或问题：

姓名	担忧或表现	应对方式

衷心感谢你的帮助！

座位表

教师：________________ 学校：________________

学年：________________ 教室：________________

教室平面图及座位表

注意事项，特殊需要等

教室环境评估清单

我们列出了几点针对教室的建议，供教师在评估前参考。当然，学校的管理者不同，评估的标准也各异，有的管理者可能觉得下面的几点无足轻重，但无论如何，根据下面的清单审视自己的教室还是会有所裨益。我们列出清单的目的并不是为了让所有教室趋同，而是希望把你的教学提高到更高的层次，而了解管理者看待问题的视角往往会有所帮助。

- □ 学生书桌内的物品摆放整齐
- □ 学生桌面整齐干净
- □ 地面干净没有纸屑
- □ 衣柜顶部不摆放杂物和盒子
- □ 学生的外套和背包挂在衣橱里
- □ 保持衣橱的干净整洁
- □ 保持工作台的清洁
- □ 保持盥洗区的清洁
- □ 书柜摆放整齐
- □ 张贴教室日程表
- □ 讲台整洁有序
- □ 桌上摆放周教学计划
- □ 张贴丰富的材料（图表）
- □ 桌椅摆放利于教学
- □ 独立的阅读区域
- □ 公告栏上展示学生的作品
- □ 公告栏上的标题提升批判性思维
- □ 整体干净整洁的学习环境
- □ 张贴教师和助教的姓名
- □ 急救包放在便捷的地点

教师评估

下面列出的是作为教师需要格外注意的几个方面，但切忌重视过头，只要尽到自己最大的努力，并且不断地推陈出新，你一定会成功的！

教学策略

- 教师主导型课程
- 分成小组和大组
- 不同的教学形式
- 不断进行评估
- 使用高科技
- 以学生为主导的活动

做好记录

- 更新学生档案
- 准确记录学生考勤
- 鉴定文书
- 优秀小组推荐
- 完成地区的所有要求
- 证书更新

家长/监护人参与

- 家庭联系人
- 家长志愿者
- 家长会
- 开放参观日/返校夜
- 家长工作坊

计划和准备

- 每周计划或目标
- 长期计划
- 助教计划
- 合适的课程
- 郊游、科技实验室等

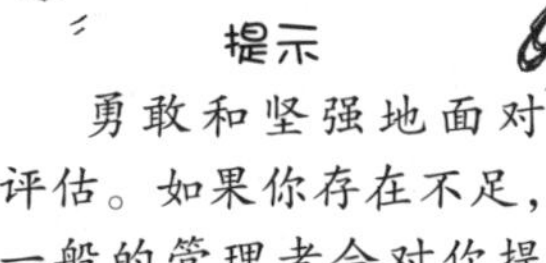

提示

勇敢和坚强地面对评估。如果你存在不足，一般的管理者会对你提出批评，但一个优秀的管理者则会帮你弥补弱项。如果你已经尽力了，就无需苛责自己！

教室环境

- 依据标准
- 充分布置
- 精心制作的公告栏
- 张贴每天日程表
- 桌椅干净整齐
- 见评估清单

教室管理

- 安排教学任务
- 明确学生表现预期
- 学生遵从指示
- 学生顺利升级
- 学生明确标准
- 学生能够承担责任
- 较好的领导力

职业及相关职责

- 保证出勤
- 参加员工会议
- 户外活动
- 参加职业发展会议
- 外表整洁干净
- 按时开课放学
- 展示领导力
- 见证职业成长

注意事项：

- 为自己找一个指导教师——一个经验丰富的教师能够为你提供合理的建议和一定的支持。
- 把自己做的事用文件夹记录保存好，作为个人成长的有力工具！

教学评估

大多数地区每隔一年或几年都会对教师进行正式的评估，具体的频率要视教师的情况而定，新任教师在最初几年中通常每年要接受一次评估。即使对于经验老道的教师来说，这都是一件十分有压力的大事，但从另一个角度来看，这也为教师们提供了一个审视自己的教室、计划和教学的绝好机会，因而也是一种积极的经历。而秘诀就是要准备充分、合理组织，并明确教学目的。

□ 干净的教学环境

无论工作多忙，都要保持一个干净、宜人、以学生为中心的教学环境，这才是长久之计，并能给评估者留下良好的印象。

□ 最新学生作品展示

教师需要不断更新公告栏的内容，每隔两到三周就可以更换一次主题，这种方法不仅可以使内容常新，同时也不会给你的工作增加太大的负担。请查阅学校关于公告栏内容的要求。

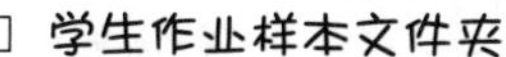

□ 学生作业样本文件夹

- 收集的学生作业样本可以作为日后评判学生表现的依据。
- 有些管理者会要求查看这些文档，关于这一点可以咨询其他教师。

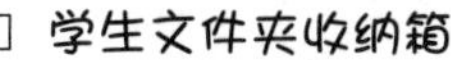

□ 学生文件夹收纳箱

- 与学生作业样本不同（这个文件夹是由学生不断更新的）。
- 收集学生自己挑选的作业样本（十个左右）。
- 咨询其他教师关于文件夹的创意。
- 不断更新学生的作业。

□ 最新的教学计划

- 坚持每周更新教学计划。
- 咨询其他教师是如何计划的。
- 咨询对你进行评估的管理者的预期。

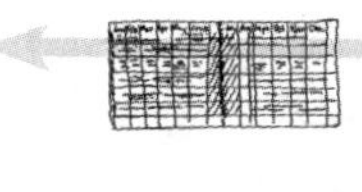

□ 长期教学计划

- 最好做一份长期的教学计划。
- 有些管理者可能要求教师准备这一项文件，关于这一点可以咨询其他教师和管理者。

□ 评估

- 对学生进行评估和打分是一个十分重要的环节，大多数管理者都会要求出示评分依据。
- 搜集本地区或学校的评估标准，保存在一起。
- 找到适合你自己的评估方式。

□ 成绩册

- 评分依据十分重要，因此应保存好，随时可以找到。
- 咨询其他教师保留成绩的方法，找到适用于你的一套体系。

家庭作业清单

家庭作业是教学中非常重要的一个环节，它不仅能让学生练习和巩固课堂所学的知识，同时也给家长/监护人提供了一个参与孩子教育的机会。首先，家庭作业要覆盖当天所学的内容，其次要一目了然、重点突出，这也是教学计划的一部分。教师要提前留出下一周的家庭作业，制成作业单或电子版，每周一发给家长。有一些家庭作业任务不需要复印也可完成，下面是一些活动建议。

Name:

Weekly Spelling List

1. bake
2. rake
3. take
4. sail
5. pail
6. snail
7. shout
8. trout
9. sprout
10. bridge
11. ledge
12. badge
13. judge
14. their
15. there

Bonus

sailboat

Date:

Directions:
Complete daily assignments.
Return daily.

Monday:
- Write sentences with words 1-5.
- How many ways can you say 8?

Tuesday:
- Write sentences with words 6-10.
- How many ways can you say 9?

Wednesday:
- Write sentences with words 11-15.
- Write 3 story problems with the numbers 8 & 9.

Thursday:
- Put words in alphabetical order. Study words for test.
- How many ways can you say 10?

Friday:
- Write a story with as many words as you can.
- Write 3 story problems that equal 10.

词汇模板

- 填写模板，每周发给家长。
- 有额外作业再进行补充。

数学活动

- 表达数字的问题，如“表达某一数字的方法”。
- 编写应用题。
- 写出某一数字加减法的基本性质。
- 用多种方法数数。

词汇活动

- 用单词造句。
- 写出单词的同义词和反义词。
- 按字母顺序排列单词。
- 写出押韵的单词。
- 给单词画插图。
- 用单词写一段话。为了挑战学生，可以给出一个标题（例如“沙滩上的一天”）。
- 用尽量多的单词编故事。

每周学习列表

1. ______

2. ______

3. ______

4. ______

5. ______

6. ______

7. ______

8. ______

9. ______

10. ______

补充

______

姓名：______

日期：______

说明：完成当天的作业内容。第二天上交作业。

星期一：______

星期二：______

星期三：______

星期四：______

星期五：______

家庭作业文件夹

家庭作业文件夹能够有效帮助学生整理自己的家庭作业，并保管好所有需要转交给家长的文件。这种方式不仅能让家长了解你的预期，也可以作为学生的一种资源，只需把价格便宜的双袋文件夹粘好就可以做成这样一个文件夹了（稍后可用刻刀来打开文件夹）。当然在把文件夹粘起来前，可以让学生在上面涂色并写上自己的名字，但要确保不要在文档部分涂色。在学生把文件夹带回家之前，向他们介绍文件夹中的各个组成部分，以便学生能够充分利用。

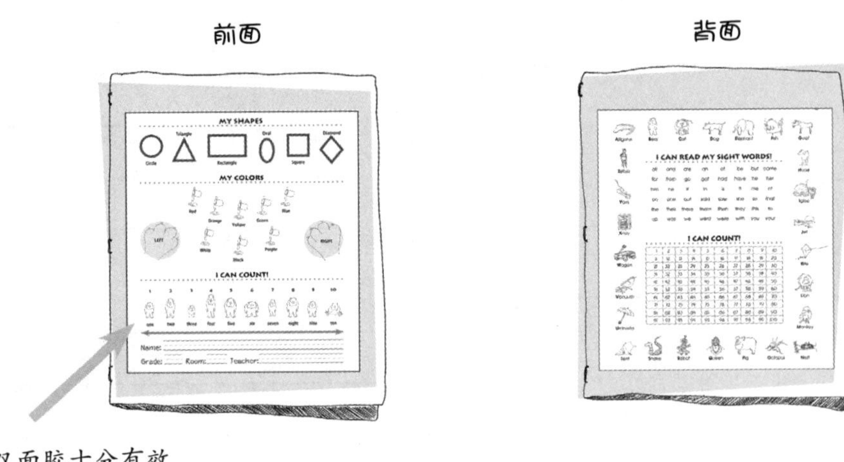

内袋

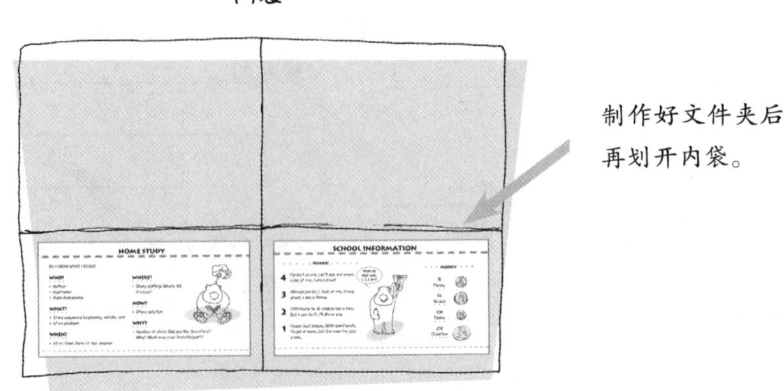

我的形状

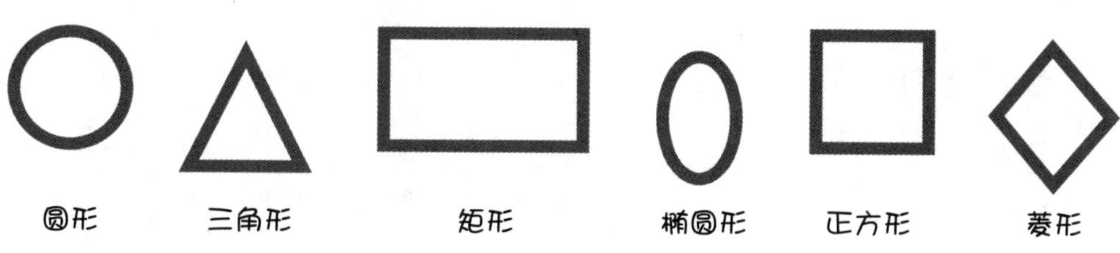

我的颜色

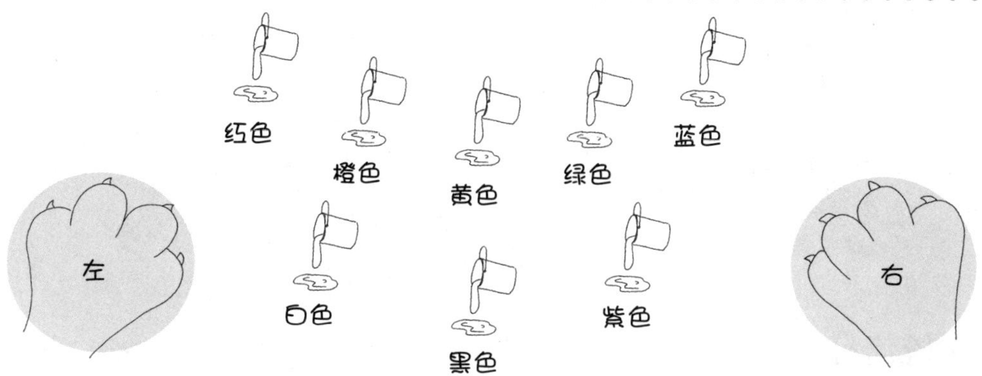

我会数数

1	2	3	4	5	6	7	8	9	10
一	二	三	四	五	六	七	八	九	十

姓名：____________________

年级：__________ 教室：__________ 教师：__________

家庭作业范例

我读了什么？

人物
- 作者
- 插画家
- 主要人物

事件
- 故事梗概：开头、中间、结尾
- 故事问题

时间
- 故事时间：几点，什么季节

地点
- 故事背景：在哪发生的？

结果
- 故事结局

原因
- 对故事的看法：你喜欢这个故事吗？为什么？最喜欢哪个部分？

学校信息

分数

4 完美，最高分，我得了4分！

3 几乎完美，我做的很好，得了3分！

2 我还需要努力，但我会加油的。

1 我才刚刚开始，只要努力，我也会成功的。

硬币

1分 

5分 

1角 

1元 

家庭作业

阅读理解清单

人物
- 作者
- 插画家
- 主要人物

事件
- 故事梗概：开头、中间、结尾
- 故事问题

时间
- 故事时间：几点，什么季节？

地点
- 故事背景：在哪发生的？

原因
- 对故事的看法：你喜欢这个故事吗？为什么？最喜欢哪个部分？

结果
- 故事结局

写作清单

内容
- ☐ 主题句
- ☐ 展开句
- ☐ 描述性词语
- ☐ 结尾再次呼应主题

写作过程

构思 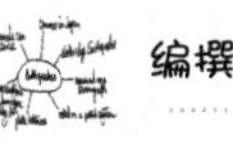 编撰  订正   检查  成稿  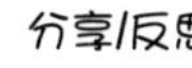 分享/反思 

数学信息

分数

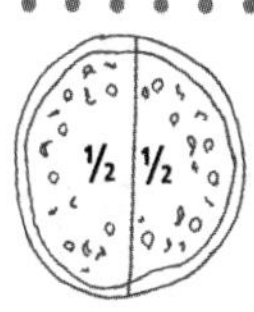

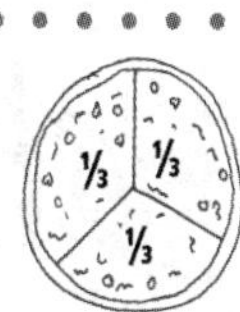

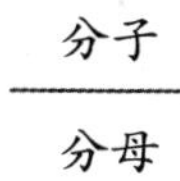

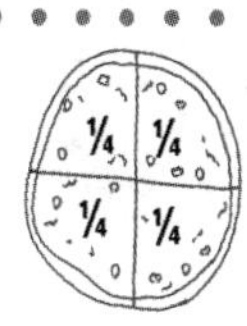

度量单位

1品脱=2杯

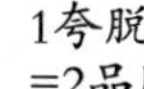
1夸脱=2品脱

半加仑=2夸脱

1加仑=4夸脱

1公升

1杯

1汤匙

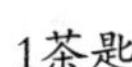
1茶匙

货币单位

乘法表

三角形

等腰三角形

不等边三角形

直角三角形

等边三角形

角

直角

锐角

钝角

圆

半径

直径

	1	2	3	4	5	6	7	8	9	10	11	12
1	1	2	3	4	5	6	7	8	9	10	11	12
2	2	4	6	8	10	12	14	16	18	20	22	24
3	3	6	9	12	15	18	21	24	27	30	33	36
4	4	8	12	16	20	24	28	32	36	40	44	48
5	5	10	15	20	25	30	35	40	45	50	55	60
6	6	12	18	24	30	36	42	48	54	60	66	72
7	7	14	21	28	35	42	49	56	63	70	77	84
8	8	16	24	32	40	48	56	64	72	80	88	96
9	9	18	27	36	45	54	63	72	81	90	99	108
10	10	20	30	40	50	60	70	80	90	100	110	120
11	11	22	33	44	55	66	77	88	99	110	121	132
12	12	24	36	48	60	72	84	96	108	120	132	144

几何体

角锥体 立方体 长方体 圆锥体 球体 圆柱体

位值

百万 千

136,547,821.942

百 十 个 百 十 个 百 十 个 个分位 十分位 百分位

公式

$A = \frac{1}{2}bh$

$A = l \times w$

$C = 2\pi r$ ($\pi = 3.14$)

$A = l \times h \times w$

线

直线 线段 射线 相交线 平行线

形状

正方形

菱形

矩形

平行四边形

梯形

四边形

五边形

六边形

八边形

教师培训及职业规划文档

教师应该保留与职业发展、培训和授课相关的文档，这不仅有利于文件的保存，也可作为证书更新的必要资料，当然这要视你所在地区的证书指导原则和更新政策而定。我们强烈建议各位教师保存好职业相关的文件，这样在需要时能够省去大量时间。

应该保存的文件包括

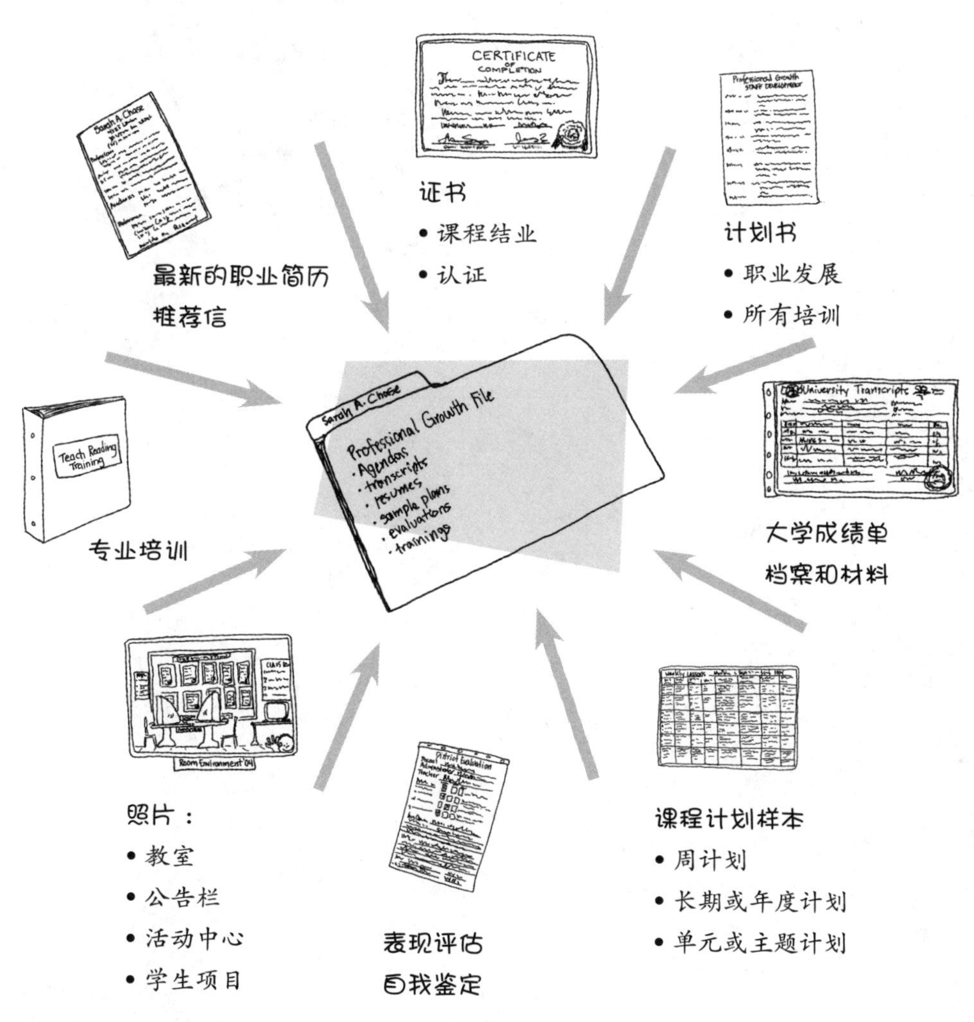

9

考评工具箱

考试准备清单

绝大多数校区从一年级起就开始实行标准化测试，但每个地区间也会有所差异，各州区的流程也不尽相同。教师可咨询校方测试的形式和时间，参考下列注意事项为迎接测试做准备。首先，遵循地区规定的课程和重点，其次，进行测试模拟，挑战学生的批判性思维。标准化测试对于学生和教师来说都是一项压力重重的考验，因此做好准备才是万全之策。

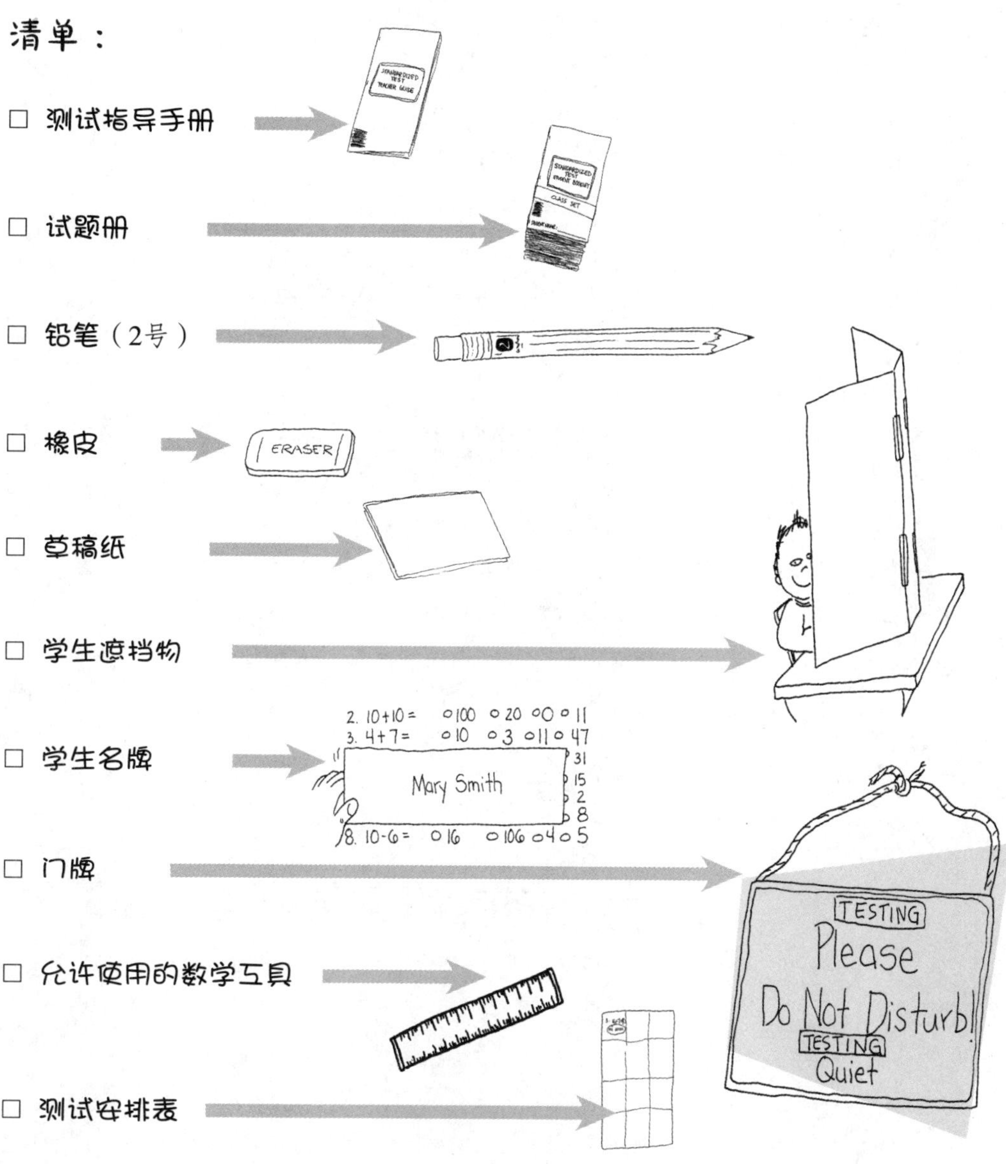

考试小窍门

- 用硬纸板和装订胶带制作遮挡物（每隔一名学生）。
- 模拟测试；使用单项选择的考题（设计一些陷阱）。
- 训练学生用草稿纸演算数学的计算问题（对折三次，出现八个小格）。
- 给学生提供标签纸来记录自己答题的位置（单词卡、美工纸或便利贴）。
- 在学年内不断练习阅读理解。对所有阅读的材料提出相应的问题，学生抄写问题后回答——从而教会学生到原文中寻找答案。
- 模拟测试时的座位安排让学生学习适应环境。
- 告诉学生相信自己的直觉。
- 教会学生在做阅读理解前快速浏览问题。
- 告诫学生在实际测试时，不要在试卷上乱写，在草稿纸上进行演算。
- 提前完成的学生可以读书或在草纸上画画。
- 每天都要检查所有的测试材料（甚至包括草稿纸），不能出错。
- 在测试开始前，让学生去洗手间。
- 准备多余的铅笔和草稿纸。
- 了解你的学生。确认是否有学生需要进行特殊的测试或让家长签署不参加测试的文件。
- 确保所有试卷整理分装，在测试结束时收好试卷。
- 每次测试前，带领学生复习相应的内容，打好有准备之仗！
- 在测试前，了解监考教师，建立测试的规则。
- 在测试前，给家长/监护人发送通知，确保学生在测试当天准时上学、睡眠充足、营养均衡，并且衣着舒适。

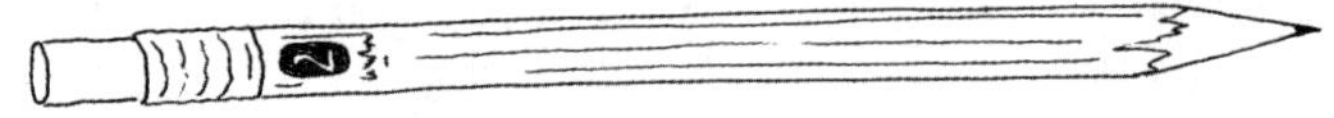

考试安排表

使用下面两个清单来筹划测试安排及学生需求

教师：______________ 年级：______ 教室：______ 日期：______

星期一				星期二				星期三				星期四				星期五			
科目		时间		科目		时间		科目		时间		科目		时间		科目		时间	
材料	#	出	入	材料	#	出	入	材料	#	出	入	材料	#	出	入	材料	#	出	入
测试书				测试书				测试书				测试书				测试书			
测试手册				测试手册				测试手册				测试手册				测试手册			
答题卡				答题卡				答题卡				答题卡				答题卡			
缺考学生				缺考学生				缺考学生				缺考学生				缺考学生			

星期一				星期二				星期三				星期四				星期五			
科目		时间		科目		时间		科目		时间		科目		时间		科目		时间	
材料	#	出	入	材料	#	出	入	材料	#	出	入	材料	#	出	入	材料	#	出	入
测试书				测试书				测试书				测试书				测试书			
测试手册				测试手册				测试手册				测试手册				测试手册			
答题卡				答题卡				答题卡				答题卡				答题卡			
缺考学生				缺考学生				缺考学生				缺考学生				缺考学生			

教师：__________ 年级：______ 教室：______ 学年：______ 协调员：__________ 监考：__________

考试清单

☐ 测试过程（日期：______ 时间：______） 签署责任书 取/送试卷（教室：______ 时间：______）

☐ 测试标签/手填学生信息 ☐ 模拟测试（日期：______ 时间：______）

材料 ☐ 铅笔 ☐ 橡皮 ☐ 草稿纸 ☐ 格尺 ☐ 遮挡 ☐ 门牌 ☐ 计时器

学生姓名	调整（语言、分发时间、朗读、一对一、环境等）

补考教师：__________ 年级：______ 教室：______ 日期：__________

学生姓名	测试科目	日期	学生姓名	测试科目	日期

提高分数的技巧

参加测验的方法决定着测验的成败。掌握一些简单的技巧后，学生就可以一定程度地提高分数。下面是学生参加标准化测试时可以运用的几则技巧。

- 即使不确定答案，只能根据所学进行猜测，也要回答每一个问题，毕竟答错又不会受到惩罚。
- 快速地扫一遍试卷，先回答最简单的问题。
- 如果一分钟之内找不到某题的答案，先越过它回头再看。
- 尽量使用排除法，排除一些比较明显的选项，可以缩小范围。

- 认真读题，看清是加法还是减法，同义词还是反义词。
- 保证草稿纸上的字迹工整，以防读错结果。
- 每题读两遍，找到问题的关键词。
- 读完所有选项后方可答题。即使有些选项看起来很正确，也要在读完所有选项后再作答。
- 回答阅读理解题时，到文中寻找答案，如果允许的话，可以在文中做标记。
- 在阅读全文前，先浏览问题，以明确阅读目的。
- 一定要核对试卷上的答案和答题卡上的是否一致，以防笔误。

- 计算后，一定要核对答案是否合理/符合逻辑。
- 数学测试中，将草稿纸对折三次，得到八个小格。给每个计算步骤编号，方便有时间的时候再次检查。
- 在计算数学测试中的应用题时，记下所有重要的信息，忽略那些与问题不相关的信息。
- 条件允许的情况下，可以用画图的方法帮助解题 。
- 答题结束后，回头检查答案。

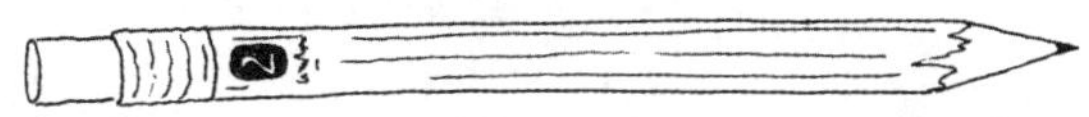

测验文件夹

测验文件夹不仅是记录学生表现和进步的有效途径，也能为成绩单和评分提供十分有价值的信息。下一页是测验文件夹封面的模板，教师也可以根据不同班级的需求进行改良或制作自己的封面。下面是一个已经填写好的封面，作为范例供教师参考。最好在当地办公用品商店购买彩色文件夹，为每个学生配备一个。也可以准备几个空白文件夹，如果有新学生加入不至于手足无措。

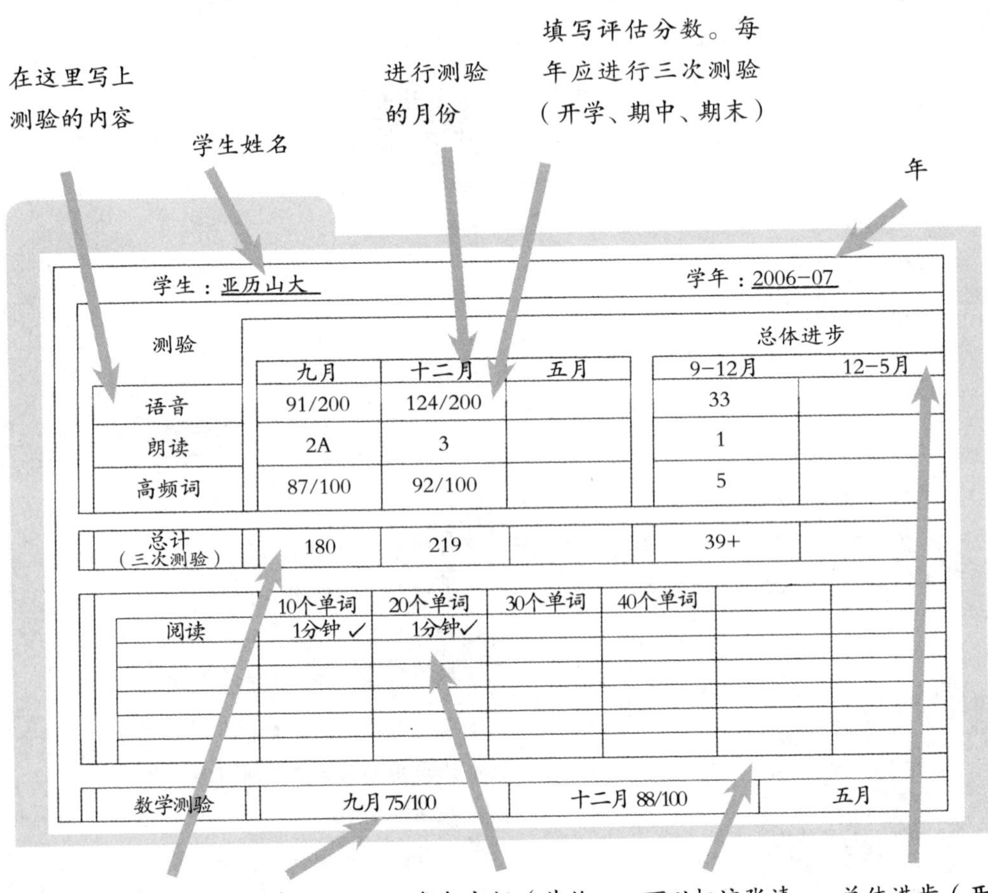

学生：__________ 学年：__________

测验	月份/日期	月份/日期	月份/日期	总体进步	
总计（三次测验）					

数学测验			

数学文件夹

学生姓名：______________________

教室：________ 教师：______________________

数字常识（数数、20以内加法、比较大小、硬币的价值、个位和十位）

第6周	第12周	第18周	第24周	第30周	第36周

算术和函数
（算式、加法、减法）

度量和几何
（长、宽、时间、形状、平面和立体、方向）

统计、数据分析和概率
（排序、对比、画图、类型、刻痕计数表）

数学推理
（使用工具【例如格尺】、草图、证明、判断）

英语学习水平（ELD）文件夹

学生姓名：________ 学号：________

出生日期：____ 年龄：____ 年级：____ 教室：________

当前ELD等级（1–5）	既定日期：	母语：
州/地区/测验分数 口语：____ 听力：____ 阅读：____ 整体：____		

口语（发音、腔调、语法、细节、提问等）			听力（听讲、遵从指示、复述、积极参与等）		
日期	观察/任务	分数	日期	观察/任务	分数
写作习惯（拼写、语法、标点等）			**实际写作**（写作类型、词汇、表达等）		
朗读：词语辨析/词汇/流利性（自我纠正、发音、节奏等）			**阅读：理解**（中心思想、作者意图、因果关系、推理等）		

测验模板

测验是教学计划的重要组成部分，能够让教师了解学生对某一技能的掌握程度和学习的进步情况。许多地区或学校都有既定的测验模式或课程测验来对学生进行评估，这些都是必不可少的，但作为教师，你也需要对学生的某一具体能力进行测试。测试的优秀资源有很多，这些可向其他教师咨询讨教。经过亲身试验，找到最适合自己的方式。但要注意的是，测验篇幅不要过长，而且要重点突出。下面是教师自行测验时可以使用的几个模板，也可根据学校的具体课程量身订制。

Math Assessment Name:
Focus: double digit +/− Date:

1. 37 +43	2. 65 −37
3. 87 −35	4. 31 +19
5. 23 +80	6. 97 −39
7. 40 −17	8. 63 +17

Score: ____/____ Observation:

© Springer/Alexander 2004

数学测验

- 最多八个数学问题。
- 重点考察某项技能和标准。

Sight Word Assessment Name:
Date:

the	no	this
a	was	said
is	here	of
on	an	my
are	too	do
you	says	does
see	can	we
have	like	they
but	with	where
she	it	were

Score: ____/____ Observation:

© Springer/Alexander 2004

常见词测验

- 填入常见词。
- 学生朗读单词，按朗读正确的单词数量计分。

Reading Assessment Name:
Focus: short vowels / sight words Date:

The Cat 2
One day a cat went to the park. 10
He saw his friends the bird and the dog. 19
They played in the sun. They napped under 27
a tree. After their nap they ate a 35
snack. They ate chips and drank milk. 42
They were full. It was late so they 50
said good bye and went home. It was 58
a good day. They were happy. They will 66
play again. 68

Observations:

Time:

阅读测验

- 写出或抄写一段文字或造句。
- 明确特定的拼写类型或层次。
- 可以给学生计时（如一分钟），看他们在特定时间段内能阅读多少字（流利性）。
- 在学生阅读文章时也可计时。
- 记下每行的字数便于打分。

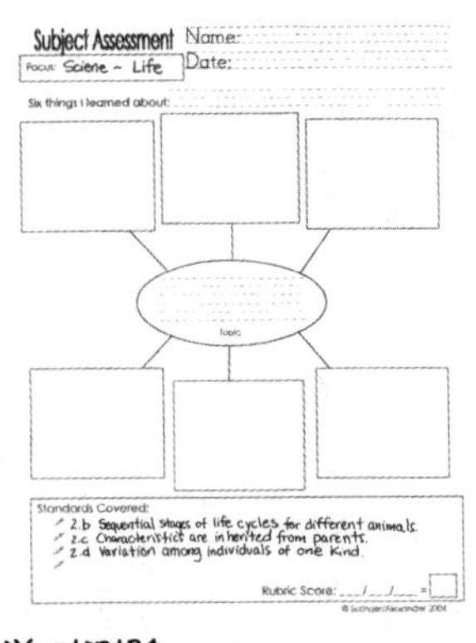
Subject Assessment Name:
Focus: Science – Life Date:

Six things I learned about:

Topic

Standards Covered:
2.b Sequential stages of life cycles for different animals.
2.c Characteristics are inherited from parents.
2.d Variation among individuals of one kind.

Rubric Score: ___/___/___ =

学科测验

- 社会科学或科学
- 学生写出一个主题中的六个知识点。
- 列出涵盖的标准。

Dictation Assessment Name:
Date:

Word dictation:
1.
2.
3.
Sentence dictation:
1.
2.
3.

Score: Word dictation: ____/____ Observation:
Sentence dictation: ____/____ Observation:

© Springer/Alexander 2004

听写测验

- 明确特定的拼写类型。
- 听写单词和句子。
- 给测验打分。

姓名：______________________ 日期：______________________

重点：

1.	2.
3.	4.
5.	6.
7.	8.

分数： ______ / ______ 评语：

姓名：________________ 日期：________________

分数：_____ / _____　　评语：

姓名：____________________ 日期：____________________

重点：

时间：______ 评语：

姓名：______________________ 日期：______________________

重点：

我学了六个知识点：______________________

主题：

涵盖的标准：

-
-
-

按评分标准的分数：_____ / _____ / _____ =

听写测验

姓名：__________

日期：__________

单词听写：

1. __________
4. __________
7. __________
2. __________
5. __________
8. __________
3. __________
6. __________
9. __________

句子听写：

1. __________
2. __________
3. __________

分数：单词听写：____/____ 评语：

句子听写：____/____ 评语：

评分标准

评分标准是给学生打分的一种简单方法。通常教师布置的作业中会包含三到五个精心挑选的目标或技巧，然后根据学生达到目标的程度，用1–4进行打分。教师既可以简单地口头表述评分标准，然后在班级来回走动给学生打出1、2、3、4分，也可以把评分标准写出来张贴在公告栏上或教室中的其他固定区域。这里非常重要的一点是要清楚地表达教师的预期，从而让学生明白自己怎么做才能达到某一分数的要求，或者教师也可以向学生解释自己为什么会取得这一分数。如果你还不知道怎么开始，可以上网搜索一些评分标准，或参考下面的例子。

4
- “终极目标”
- 三到五个目标
- 直接说明即可

3
- “大多数目标”
- 非常棒——一些小问题有待改正
- 不超过两个错误

2
- “一部分目标”
- 努力了但需要一定的帮助
- 三到四个错误（根据目标而定）

1
- “最少目标”
- 努力较少，需要较多帮助
- 超过五个错误

- 每次作业中的目标应限制在三个到五个。
- 目标应明确具体。
- 教师应口头讲解目标。

- 笑脸等图标对低年级学生很有效。在表示分数“1”时，最好不要使用哭脸，用一个中性的表情即可，不然会让学生感到沮丧，他们需要的是帮助。

例子：

目标：让学生使用正确的结尾标点。

4　所有句子的标点都正确。

3　大多数句子的标点都正确（不超过两处错误）。

2　一些句子的标点正确（不超过三到四处错误）。

1　几乎没有句子的标点正确（超过五处错误）。

评分标准展示

展示评分标准能够充分解释评分标准的运作方法，也让学生更容易理解，下面给出了三个例子。

汉堡演示图

4
- 肉饼
- 圆面包
- 番茄酱和芥末
- 生菜和番茄

3
- 肉饼
- 圆面包
- 番茄酱和芥末

2
- 肉饼
- 圆面包

1
- 肉饼

披萨演示图

4
- 意大利辣香肠
- 蘑菇
- 奶酪
- 番茄酱

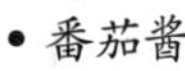

3
- 蘑菇
- 奶酪
- 番茄酱

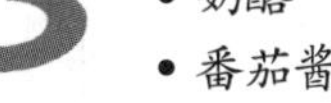

2
- 奶酪
- 番茄酱

1
- 番茄酱

4 完美，最高分，我得了4分！

3 几乎完美，我做的很好，得了3分！

2 我还需要努力，但我会加油的。

1 我才刚刚开始，只要努力，我也会成功的。

我的分数是多少：1、2、3还是4?

- 可以把这些演示图做成海报。
- 用美工纸做出汉堡。
- 用硬纸板做出披萨饼坯、美工纸和黄色纱线做出奶酪。

作文评分标准范例

任务：就你和一位朋友共同经历的最难忘或最开心的事，写一段个人叙述。

包括：朋友的名字、事情发生的时间和地点、为什么难忘。要注意书写工整，使用正确的标点，字词正确，写作中别忘了使用描述性词语。

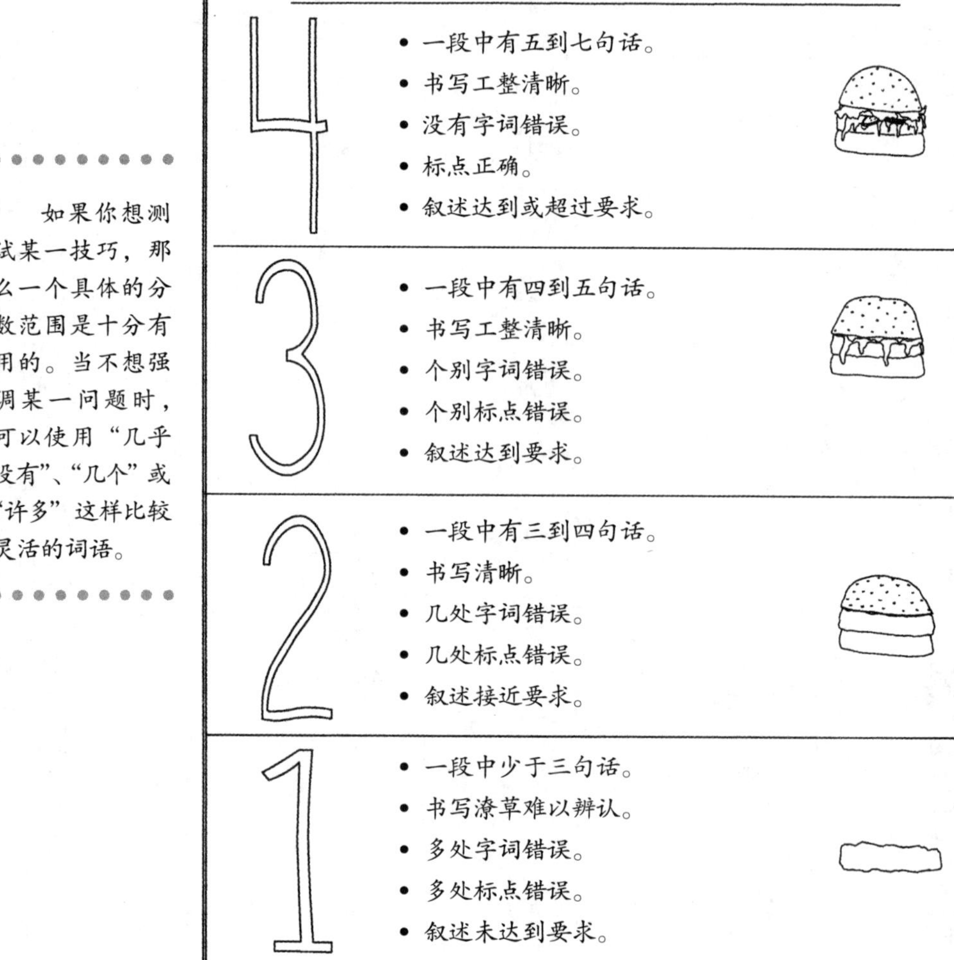

个人叙述

4
- 一段中有五到七句话。
- 书写工整清晰。
- 没有字词错误。
- 标点正确。
- 叙述达到或超过要求。

3
- 一段中有四到五句话。
- 书写工整清晰。
- 个别字词错误。
- 个别标点错误。
- 叙述达到要求。

2
- 一段中有三到四句话。
- 书写清晰。
- 几处字词错误。
- 几处标点错误。
- 叙述接近要求。

1
- 一段中少于三句话。
- 书写潦草难以辨认。
- 多处字词错误。
- 多处标点错误。
- 叙述未达到要求。

如果你想测试某一技巧，那么一个具体的分数范围是十分有用的。当不想强调某一问题时，可以使用“几乎没有”、“几个”或“许多”这样比较灵活的词语。

数学评分标准范例

任务：画图解答数学应用题。

包括：画出清晰的图示，说明怎样用数学方法解题。写出一句话说明你是怎样解题的。

数学的要求可能较少，要求技巧使用标准明确具体。

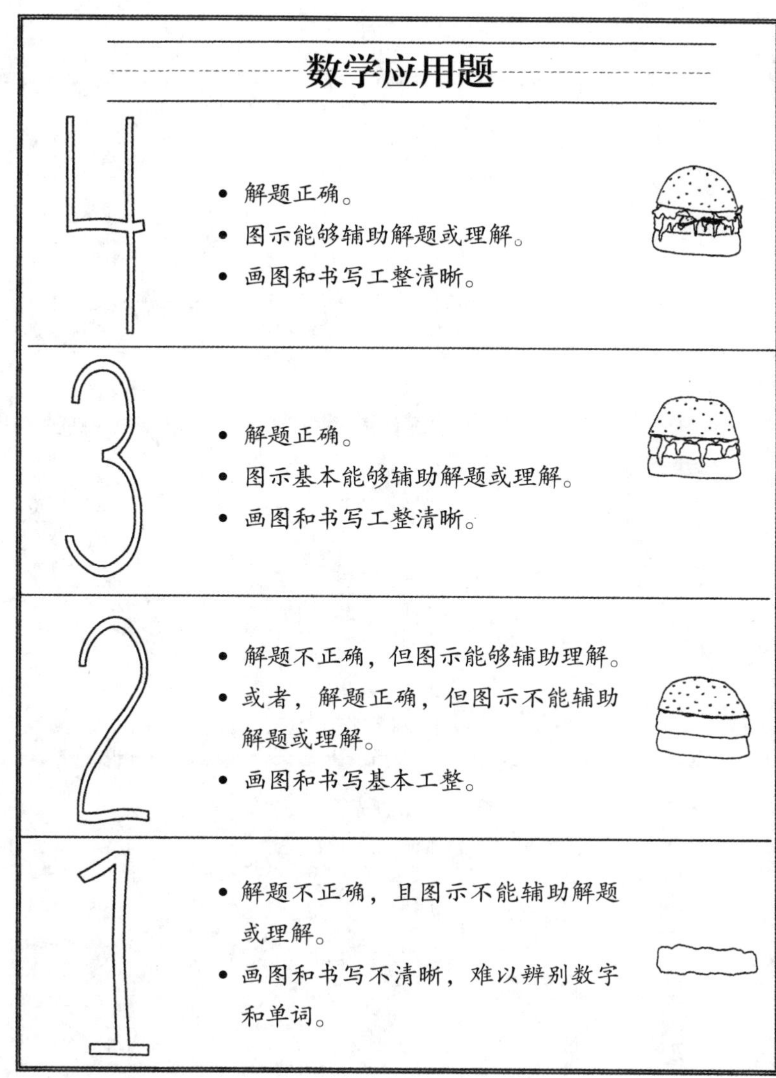

姓名：________________

4

3

2

1

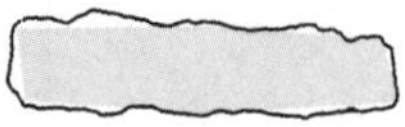

姓名：______________________________

4

3

2

1

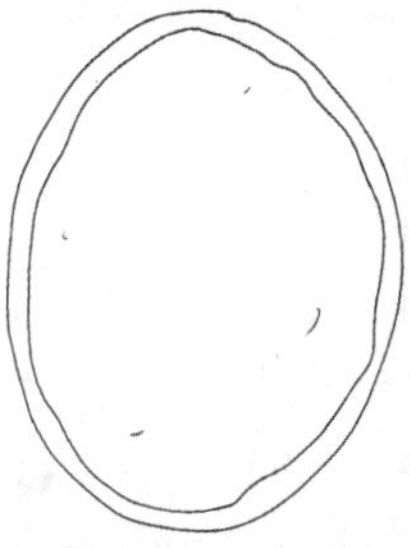

后进生学习巩固清单

对于个别进度较慢的学生，教师和助教可能需要帮助他们巩固已学过的知识，这时候下一页中的清单就能派上用场了。你可以参考清单的范例制作适合自己的表格。这种实用的清单不仅能让助教明确自己的职责，也有利于课堂教学。

- 需要巩固的学生名单
- 助教可以在每次辅导学生后画勾
- 月份和日期
- 填入学生需要巩固的技能代码

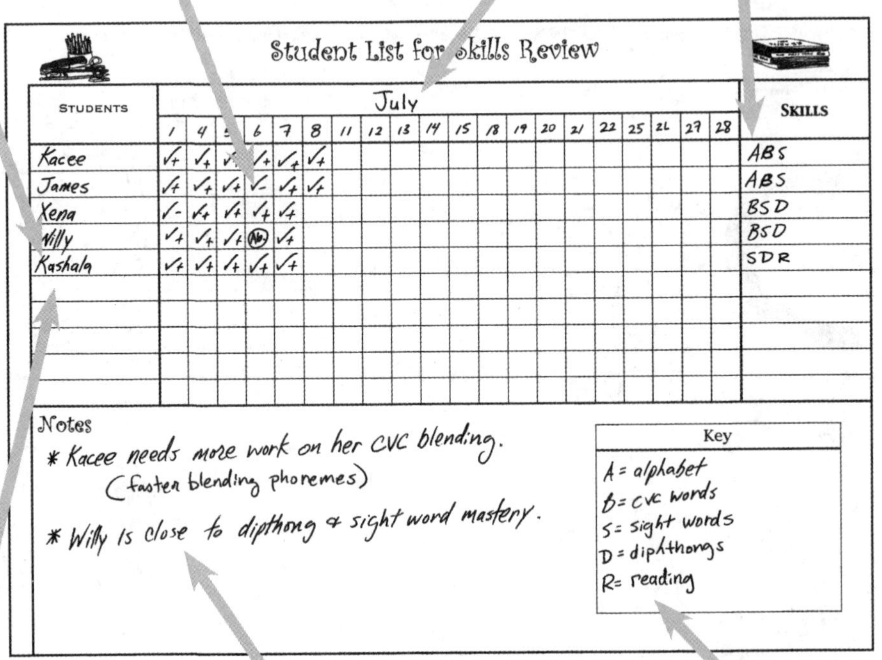

Student List for Skills Review

STUDENTS	July																				SKILLS
	1	4	5	6	7	8	11	12	13	14	15	18	19	20	21	22	25	26	27	28	
Kacee	√+	√+	√+	√+	√+	√+															ABS
James	√+	√+	√+	√-	√+	√+															ABS
Xena	√-	√+	√+	√+	√+																BSD
Willy	√+	√+	√+	No	√+																BSD
Kashala	√+	√+	√+	√+	√+																SDR

Notes

* Kacee needs more work on her CVC blending. (faster blending phonemes)

* Willy is close to dipthong & sight word mastery.

Key

A = alphabet
B = CVC words
S = sight words
D = dipthongs
R = reading

- 可能需要加上每个学生辅导的时间
- 助教负责记下个别学生的注意事项和进步
- 给每个需要巩固的技能编码

- 教师可以每月对学生的学习情况进行评估，根据结果做出调整。
- 列表上的学生需要每天辅导。
- 清单应和复习材料放在同一个文件夹中，以便助教使用。

学生技能巩固清单

月份

学生 日期 技能

注：

说明

每周小测验

教师可以每周进行一次测验，以此来了解学生的理解程度。这种测验分为正反两面，正面是拼写测验和学生表现，背面则是一个简单的数学测验。教师可以记录并保存这些小测验的分数，以便家长会和教师评估时使用；也可以每周五发给家长/监护人，作为学生表现、拼写和数学情况的反馈，家长/监护人签字后，于下周一返回学校。

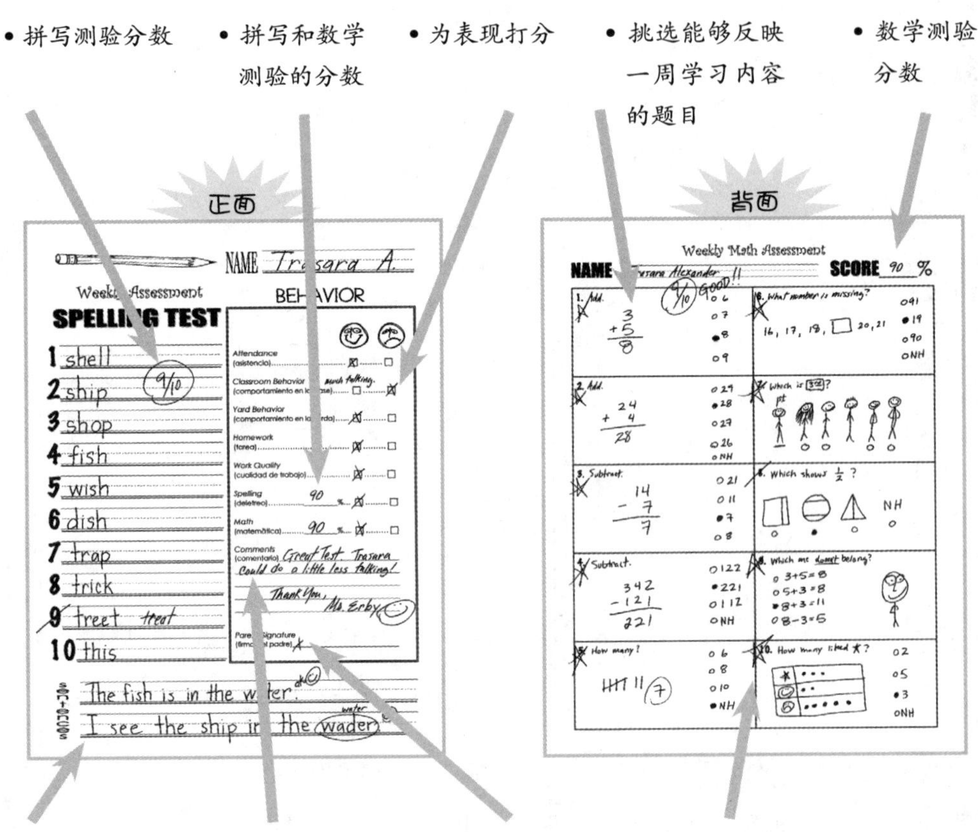

姓名：________________

日期：________________

拼写测验

1. ____________
2. ____________
3. ____________
4. ____________
5. ____________
6. ____________
7. ____________
8. ____________
9. ____________
10. ____________

表 现

	😀	☹
考勤	□	□
课堂表现	□	□
操场表现	□	□
家庭作业	□	□
作业质量	□	□
拼写	□	□
数学	□	□

评语 ____________

家长签名 ____________

句子 ____________

每周测验成绩单

教师： 教室： 日期：

学生姓名：	技能/标准																			
1.																				
2.																				
3.																				
4.																				
5.																				
6.																				
7.																				
8.																				
9.																				
10.																				
11.																				
12.																				
13.																				
14.																				
15.																				
16.																				
17.																				
18.																				
19.																				
20.																				

10

教室外活动清单

去洗手间、医务室和办公室的提示

下面列出了学生离开教室到学校其他地点的一些温馨提示，适用于任何年级，但教师还是要查阅学校的政策，以防学校另有要求。

1. 低年级的学生最好结伴而行（去洗手间的时候，可以男孩和男孩一起，女孩和女孩一起）。

2. 学生去哪个地方，就发给他们一个相应的通行证。如果学生要去医务室或办公室，可能需要提前通知一下工作人员。

3. 学生去洗手间时，记得提醒他们洗手，这一条对高年级同样适用。

使用图书室注意事项

学校的图书室是很棒的学习资源，许多学校都聘有图书管理员或受过培训的图书助教，可以帮助你借阅图书。到图书室阅读不仅提供了教室以外的另一个活动空间，同时也能够为你的学生打下基础，让阅读成为陪伴他们一生的习惯，还能增长实用的研究技能。

首先要确认：

图书室是否允许借阅。

其签到政策是什么。

是否有固定的时间段和日期。

图书管理员或助教的姓名。

注意事项：

- 查阅图书室规定（从图书室获取并遵守以下规则）。
  - 禁止携带食品饮料。
  - 轻声说话。
  - 遵守要求。
  - 每次取阅一本。
  - 用书签来标记阅读的位置。
  - 书脊向外摆放图书。
  - 如果不确定图书的摆放位置，不要随意上架，交给图书管理员或助教处理。

- 熟悉书籍的各个组成部分。

- 熟悉书籍的类型和使用。
  - 小说类
  - 非小说类
  - 说明类
  - 历史类

- 制作学生书签。

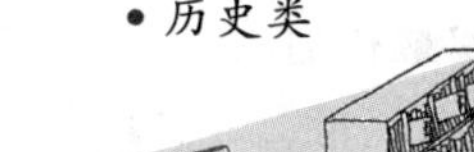

- 查阅图书室政策和规章制度。
  - 借书卡信息（姓名、班级、日期、书名、截止日期）
  - 借书期限
  - 丢失、破损图书处理办法

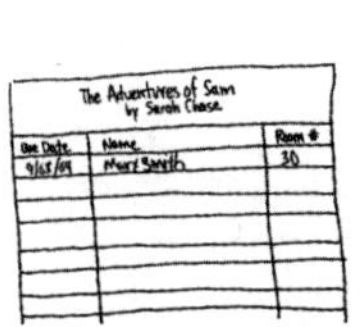

使用计算机实验室注意事项

许多学校都配备了电脑室，供各班级轮流使用。学校会派专职的计算机教师或计算机助教来教授一套课程，这是学校教育十分关键的一部分，应充分加以利用。

首先你要确认：

- 电脑室是否允许使用。
- 哪些年级可以使用。
- 是否需要签到。
- 课程安排时间。
- 学生在电脑室中做些什么。
- 你在电脑室中负责什么。
- 电脑上有哪些可以使用的软件。

注意事项：

- 查阅电脑室规则（从电脑室获取或阅读以下规则）。
  - 禁止携带食品饮料。
  - **未经允许不得操作。**
  - 遵守规定。
  - 只进行指定操作。

- 查阅电脑使用规范和用法。
  - 爱惜使用。
  - 用正确的方法关机。
  - 不要拆除或安装异物。
  - 不要断开网络或其他外部硬件。
- 建立电脑室搭档。
  - 分成大组、中组和小组。
  - 记住电脑技巧和书本上的知识并不直接相关。

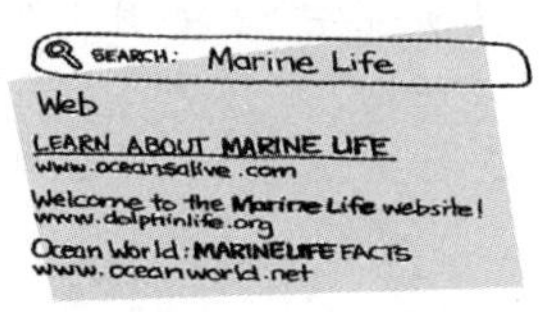

- 查阅相关网站让学生可以了解与主题相关的内容。
  - 做好电脑室可能没有相关人员帮助的准备。
  - 准备一个得到许可的网站清单。

消防演习、地震和紧急疏散预案

任何时候都可能发生紧急情况，你的教室中应该准备一套应急预案，而且最好让学生提前演习。你所在的学校和地区可能已经有了相应的应急预案，但如果你不确定如何处理紧急情况，可以查阅校方的规章制度。时刻做好准备才能帮助学生安全疏散，在关键时刻，这些都能派上用场。在学校计划的基础上，你也可以设立本班的应急计划。下面的一些想法可以帮你进行准备。

- 在教室中准备一个急救包，摆放在显眼的位置，在紧急时能够马上拿取。应及时核查包内物品，每半年更新一次。下一页中会介绍急救包中应包含的物品。

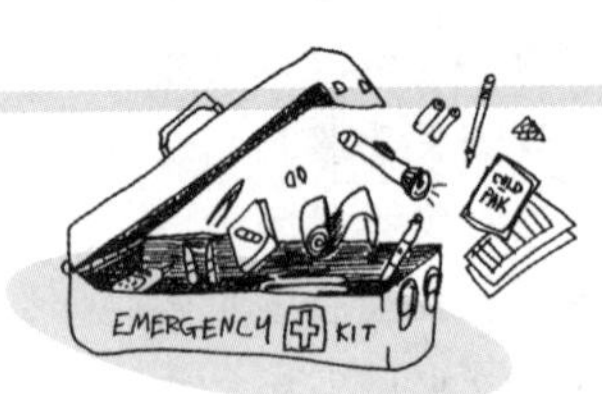

- 设计一个紧急信号或暗号，便于全班快速反应，信号可以是专门为本班学生设定的——击掌、摇铃或某个词语。

- 与隔壁或走廊对面的教师建立合作关系，在其中一人无法对紧急情况做出应对时，你的同伴可以保证学生的安全。

- 为保证安全，每月应演习一次。

郊游清单

郊游：______

地点：______

日期：______ 时间：______

成人：______

提前六周

□目标、目的地和计划获得地区许可

□申请交通支持

提前两周

□通知餐厅

□打包午餐

□自行购买

□午餐正餐

□确认巴士

□提醒校长

□提前通知家长*

□邀请家长陪伴

*查阅学校郊游政策

提前三天

□给家长寄同意信

□信中家长同意部分留在办公室

□学生紧急联络信息随身携带

□准备名签

□讨论郊游、安全和流程问题

郊游当天

□再次清点人数

□分发名签

□把名单、同意信等留在办公室

□让学生随身携带家长和学校的紧急联络信息

□提前去洗手间

□安排郊游伙伴

□检查郊游流程（时间、洗手间、安全等）

□每隔一段时间清点人数

后续

□分享、讨论、作文

□写一篇故事（描写郊游中最喜欢的部分，描述吸引你的事物）

□记录郊游的过程

□联系主题

□互相比较所见所闻

□画一幅图

□制作班级壁画

反思和补充：

______

______

______

______

11 学科课程标准及要求

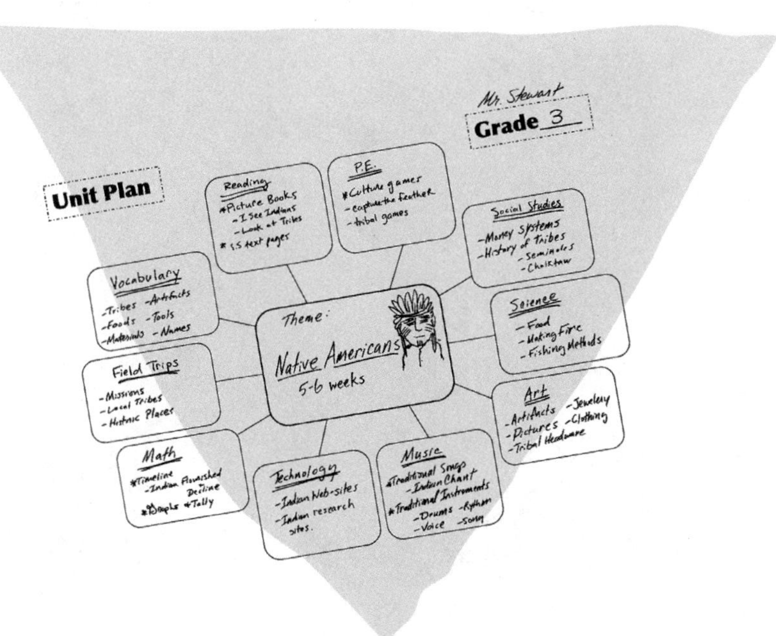

写 作

写作流程

构思

- 写下想法
- 思维导图

草稿

- 写下来
- 标出主要想法/细节
- 大胆去写，不用担心错误

编辑和订正

- 检查内容是否清楚
- 增加或更改信息

检查

- 检查语法和拼写
- 检查写作手法

成稿

- 写出终稿
- 达到自己最满意的程度

分享和反思

- 展示
- 分享
- 讨论

写作形式

独立写作：独立的，有多种形式和目的（日记、标签、学生手册等）。

互动写作：和教师、同学作为一个团队来计划并写作，全班一起编故事。

分享写作：教师写作，由学生来排版、复印或抄写。

指导型写作（作者工作室）：教师或小组一起写作；作者集合。

英语语法和标点

语法

词性	定义	例子
名词	人物、地点或事物	Tom（人物）sat on the bench（事物）in the park（地点）。
代词	代替名词	Mary is my friend. She is tall. (I, he, she, it, we, you, they) Sam's dog is big. His dog is big. (my, his, her, me, its, our,your, their)
形容词	描述名词	The man sat. The large, old man sat.
动词	动作	The stallion runs fast.
副词	描述动作	The tortoise walks slowly.
介词	连接名词、代词和其他词	The frog jumped into the pond.
连词	连接词、短语或从句	Sam read and Jan wrote a story.

标点

句号（.）：陈述句末尾：The horse eats hay.

问号（?）疑问句末尾：What color is the horse?

感叹号（!）感叹句末尾：The barn is on fire!

引号（"/"）：引文的两端：He said, "The horse is white."

逗号（,）：停顿或列举："Next time, use . . ."; red, blue, green.

分号（;）：把两个相邻的句子隔开：My family is Jewish; we celebrate Passover but not Easter.

冒号（:）：后面接列举、作为商务信函的问候部分或后接对话：You need: a bag, . . .; Dear sir:

连字符（-）：连接单词、前缀、数字：city-state, half-asleep, twenty-two

撇号（'）：所有格、缩写：Sarah's cat, don't

作文类型

记叙
- 故事
- 讲述事件

使用：想象、个人发生的事
用第一或第三人称写作

说明
- 说明或定义
- 提供信息

使用：事实、数据、因果、例子用第三人称写作

描写
- 描写
- 可以用在所有写作中

使用：描述性语言、形容词、用第一或第三人称写作；描述而不是讲述

总结
- 总结
- 将原有的文件进行整合

使用：中心思想、事件、概念、用第一或第三人称写作

读后感
- 对所读文学作品的感想
- 作者观点和经历与你个人的联系

使用：复述、总结、分析和概括

诗歌
- 符合格式

使用：语音和韵律
类型：绝句、五行诗、打油诗、具象派诗、抒情诗、幽默诗、叙事诗

报告
- 解释和通知
- 提供信息和事实

使用：用于教学、报告或在数据的基础上进行预测

信件
- 问候、正式或商务信函
- 传达或分享信息

问候信函范例

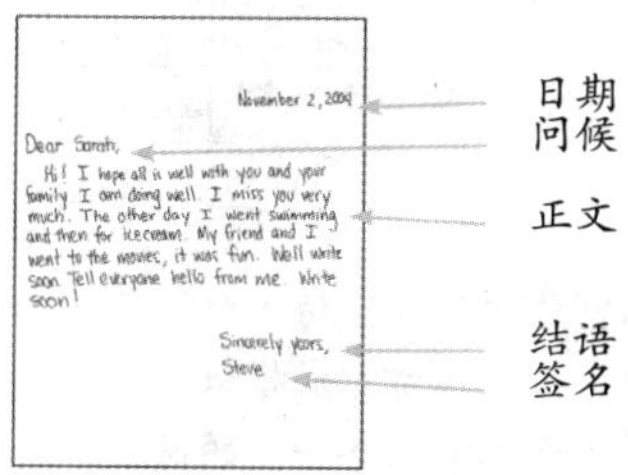

November 2, 2004

Dear Sarah,

Hi! I hope all is well with you and your family. I am doing well. I miss you very much. The other day I went swimming and then for icecream. My friend and I went to the movies, it was fun. Well write soon. Tell everyone hello from me. Write soon!

Sincerely yours,
Steve

商务信函范例

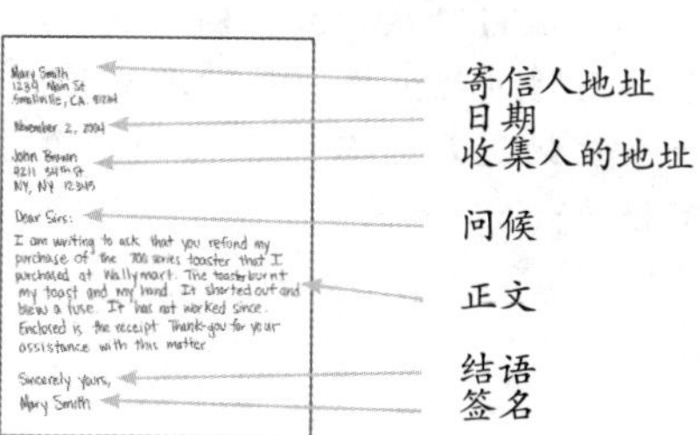

Mary Smith
1234 Main St
Smallville, CA 91234

November 2, 2004

John Brown
4211 54th St
NY, NY 12345

Dear Sirs:

I am writing to ask that you refund my purchase of the 700 series toaster that I purchased at Wallymart. The toaster burnt my toast and my hand. It shorted out and blew a fuse. It has not worked since. Enclosed is the receipt. Thank-you for your assistance with this matter.

Sincerely yours,
Mary Smith

写信的方式

第一人称：我　　第二人称：你　　第三人称：他，她，他们

管理写作过程

明确写作过程能够帮助学生更好地写作。在你对个别学生进行辅导的时候，学生可以独立完成写作任务。下面的方法可以帮助你管理写作过程并保持相对的一致性。（注：高年级表格上可以使用其他图片。）

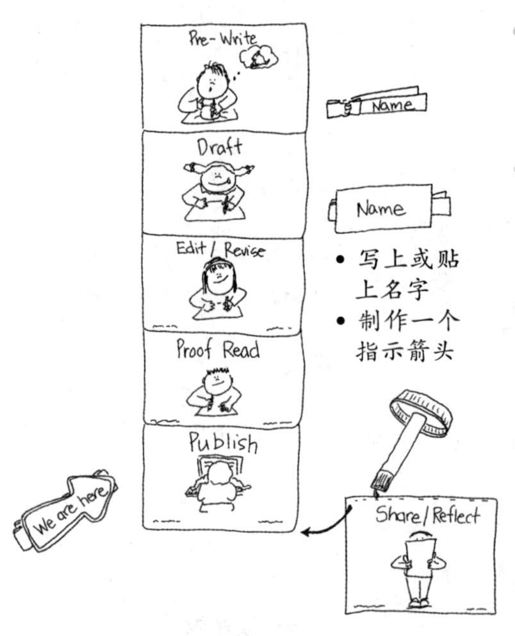

- 写上或贴上名字
- 制作一个指示箭头

- 把各个海报粘在一起，制作成一个长长的写作过程海报。用晾衣夹记录每个学生的进度，与学生讨论一次后，就移动一下晾衣夹。

- 不断更新的写作文件夹，与表格和海报相匹配。
- 学生可以在侧面别上回形针，以记录写作的进度。
- 文件夹可以收集各个阶段使用的纸张。
- 文件夹可以使用一年——压制成薄片。

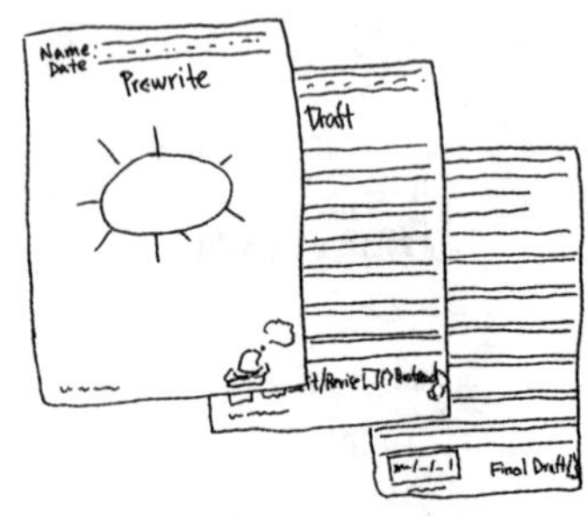

- 用写作模板来保持一致性。
- 把每张海报都制成模板。
- 每张表格都准备一定的份数。

写作过程

阅读图书类型

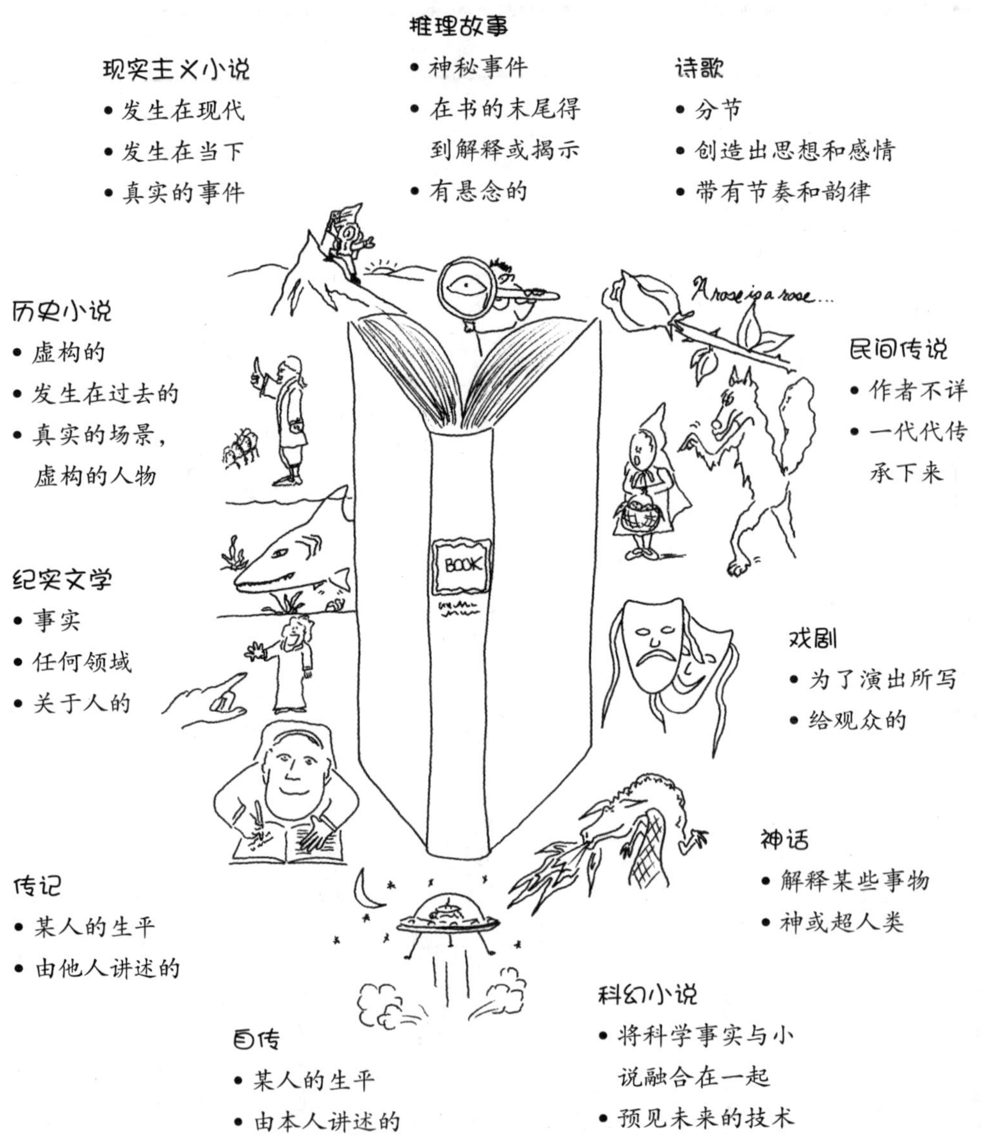

上述类别的书都可以找到图画书版本。所谓图画书，就是指书中的插图在其中扮演着重要的角色。传统的图画书大约有32页，偶尔也会有图画书超出这个页数，这通常是为了迎合年龄段稍高的读者的需求，图画书的话题和风格也都各有千秋。

阅读方式

朗读

- “齐读”
- 反复朗读同一篇文章
- 练习口语
- 适合读诗或押韵文
- 反复朗读经典

共享阅读

- 教师朗读作品或课文
- 学生看课文或跟读
- 早期阅读策略
- 利用上下文线索

出声朗读

- 由教师读给全班
- 班级讨论和对话
- 后续活动：日记、绘画等
- 纯欣赏（教师不做总结或提问）

爆米花阅读

- 教师让学生大声朗读
- 学生可自愿做第一个朗读的人
- 当一个学生停下的时候，另一个学生继续（教师不进行指挥）
- 直到全班都读过一次为止
- 让学生建立参与者的责任感、同时让他们选择什么时候去做
- 低年级学生在读完时可选择下一个朗读者

计时阅读

- 规定阅读时间
- 让学生读两次
- 在第二次阅读时，试着读的更多
- 可规定时间或阅读的字数
- 练习流畅性

结伴阅读

- 建立阅读搭档
- 低年级学生与高年级学生搭档
- 学生阅读后对内容进行讨论
- 学生轮流朗读
- 年长学生担任教练或阅读指导

同伴阅读

- 同一班级的学生进行搭档
- 轮流进行阅读并相互帮助
- 举例讲解阅读技巧
- 在教室中选择特定的阅读地点
- 可以把高/中水平的学生和中低等水平的学生配对，或让学生自己选择

独立阅读

- 学生独立阅读
- 练习已经学到的技巧
- 练习流畅性
- 试着解决问题

持续默读

- 学生阅读
- 独立阅读，不要出声
- 根据学生的不同情况进行单独指导
- 提供练习的机会
- 鼓励学生阅读
- 不被打断的持续默读
- 完全投入式阅读

指导性阅读

- 教师和学生一起阅读课文
- 教师和学生对整篇课文进行阅读、思考和讨论
- 允许打断
- 教学生如何解决问题
- 也可以进行“影子跟读”（教师朗读后，学生跟着朗读）

课文分析

关于作者

作者的角度

谁在讲故事?
第一人称：我，我的
第三人称：他、她、他们

作者的目的

- 娱乐
- 解释
- 告知
- 劝诫

好的读者

中心思想和细节

- 故事最初的焦点是什么?

比较和对比

- 找到相同和不同

因和果

- 发生了什么（问题）?
- 结果是什么（解决办法）?

分类

- 把故事元素分成不同的种类

观点和事实

- 感觉和事实的对比

共享阅读

- 推测、假设、找出作者的意思

找到联系

- 与某人的经历相关

数 学

数学属于核心课程，因此学生每天都要上数学课。而数学的教学是循序渐进的，要根据学生年龄的发展教授相应的技巧和概念，换句话说，学生要学习的数学技巧必须是他们可以接受的，并能为未来更高层次的学习打下基础。下面是对各个年级所要教授的数学知识的概览，仅供参考。

数字常识

数字常识是指对数字、数字之间的关系和它们代表的意义逐渐了解的过程。

数学技巧：

- 教具是培养数字常识的绝佳工具。
- 同时也可使用大量的图表和数轴作为说明工具。

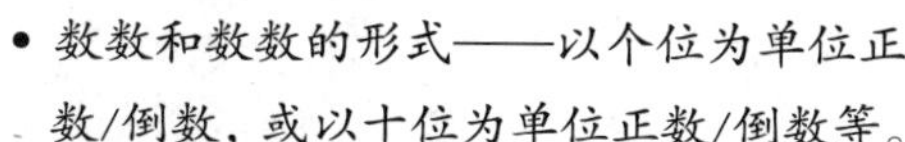

- 数数和数数的形式——以个位为单位正数/倒数，或以十位为单位正数/倒数等。
- 用数数的方式教授加减法。

度量/几何

度量包括长度、体积和重量；而几何则是处理形状、模型，以及它们的特点、面积和体积。

数学技巧：

- 模型或形状的教具可以发挥很大的作用。
- 每天都练习测量一些东西，熟能生巧。
- 建立测量和体积的活动中心

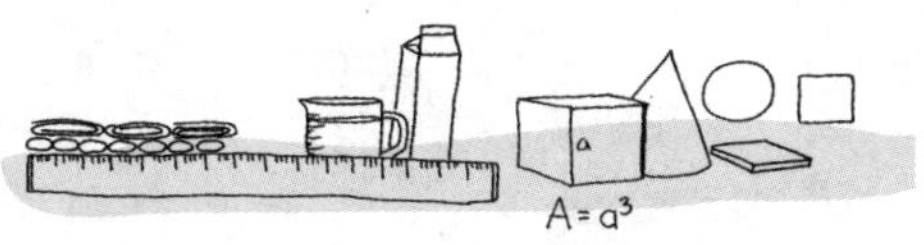

代数

代数是指通过解释和公式解决数学问题。

数学技巧：

- 全班共同解决“每天一题”。

$3 + \_ = 7$　　$3n + 2 = 14$

$3n = 12$

$n = 4$

统计、数据分析和概率

分析、对比和解释数据，推测和概率。

数学技巧：

- 使用图表。
- 抛硬币或掷骰子。

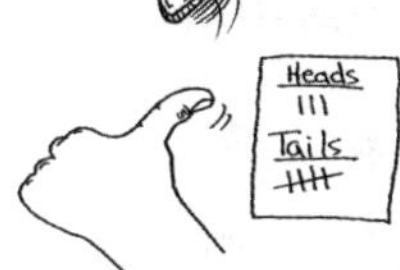

数学推理

对解题方法进行解释，并应用于其他问题。

数学技巧：

- 全班共同解决“每天一题”。
- 数学刊物。

数字常识

幼儿园

数字1到30　　0, 1, 2, 3, 4, 5, 6 … 30

图形　　△○△○△○△…

加减法

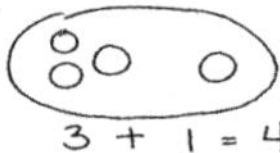

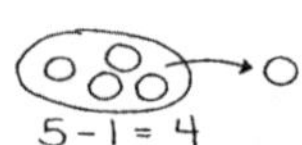

加减法的几组基本性质　　1 + 3 = 4　4 - 1 = 3　3 + 1 = 4　4 - 3 = 1

分数

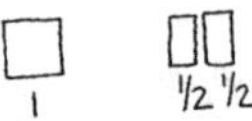

位值

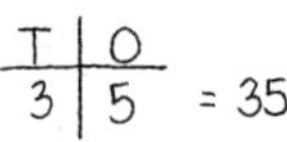

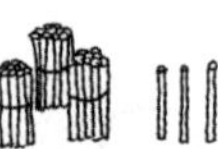

钱

一年级

从1的倍数、2的倍数、5的倍数和10的倍数分别数到100

1, 2, 3, 4, 5, 6, 7 … 100
2, 4, 6, 8, 10, 12 … 100
5, 10, 15, 20, 25 … 100
10, 20, 30, 40 … 100

图形　　△○▭△○▭△○▭…

加减法　　11 + 3 = 14　14 - 6 = 8　64 + 23 = 87　38 - 12 = 26　3 + 5 + 2 = 10

加减法的几组基本性质　　4 + 3 = 7　7 - 4 = 3　3 + 4 = 7　7 - 3 = 4

比较大小　　7 > 3　16 < 23　25 = 25

位值

H	T	O
3	4	7

= 347

分数　　1　½　⅓　¼　⅛

钱　　1¢　5¢　10¢　25¢　50¢

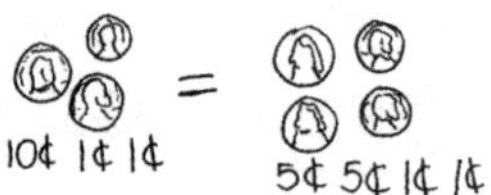

二年级

从1的倍数、2的倍数、5的倍数和10的倍数分别数到1000	1, 2, 3, 4, 5, 6 … 1,000 2, 4, 6, 8, 10 … 1,000 5, 10, 15, 20, 25 … 1,000 10, 20, 30, 40, 50 … 1,000
加减法	8 + 7 = 15　19 - 4 = 15
计算格式	23 + 7 = 30　23 - 7 = 16
加减法的几组基本性质	12 + 3 = 15　15 - 3 = 12 3 + 12 = 15　15 - 12 = 3
比较大小	352 > 248　672 = 672 173 < 183
分数	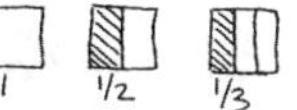 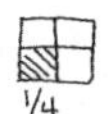  1　1/2　1/3　1/4　1/8
位值	Th 3 | H 4 | T 2 | O 7 = 3,427
钱	 1¢　5¢　10¢　25¢　50¢  $1, $5, $10, $20　$5.42 + $3.27 = $8.69

三年级

从1数到10000	1, 2, 3, 4, 5, 6 … 10,000
位值	TTh 3 | Th 1 | H 2 | T 6 | O 5 = 31,265 Thirty-one thousand two hundred and sixty-five
展开式	30,000 + 1,000 + 200 + 60 + 5 = 31,265
小数点	32.7 (tenths)
约数	9,986 ~ 10,000
加、减、乘、除	37 + 29 = 66　41 × 3 = 123　33 ÷ 2 = 16 R1 264 - 77 = 187　81 ÷ 9 = 9
乘法	6×7 = 42 6×8 = 48 6×9 = 54
乘除法的几组基本性质	6×9 = 54　54 ÷ 9 = 6 9×6 = 54　54 ÷ 6 = 9 
分数	1　1/2　1/3　1/4　1/8　2/4 = 1/2　1/2 = .5　1/4 + 2/4 = 3/4
钱	1¢　5¢　10¢　25¢　50¢　$1, $5, $10, $20  $20.37 + $13.23 = $33.60

四年级

从1数到100000	1, 2, 3, 4, 5, 6 . . . 100,000
标准式	HTh 8 | TTh 9 | Th 3 | H 2 | T 1 | O 7 = 893, 217
展开式	800,000 + 90,000 + 3,000 + 200 + 10 + 7
位值小数点	8.73
约数	7, 789 ~ 8,000
负数	-4 -3 -2 -1 0 1 2 3 4
奇数	1, 3, 5, 7, 11, 13 . . .
加、减、乘、除	637 × 24　　6)426　　6)247 41 R1
1到10乘法法则	4×4 = 16　4×5 = 20　4×6 = 24
乘除法的几组基本性质	2×8 = 16　16÷2 = 8 8×2 = 16　16÷8 = 2
分数	6/12 = 1/2　6/8 = 3/4 = .75　9/4 = 2 1/4 = 2.25
钱	\$1.34 + \$ .95　　\$2.76 − \$2.17

五年级

从1数到1000000	1, 2, 3, 4, 5, 6, 7 . . . 1,000,000
位值标准式	M 2 | HTh 3 | TTh 6 | Th 1 | H 4 | T 1 | O 5 = 2, 361, 415
展开式	2,000, 000 + 300,000 + 60,000 + 1,000 + 400 ·
小数点	9.325 (tenths, hundredths, thousandths)
约数	6,889 ~ 7,000
百分比	75% = 3/4 = .75
整数加减法	-5 -4 -3 -2 -1 0 1 2 3 4 5　-4 + 2 = -2　-3 × -4 = -12　-5 × 3 = -15
带分数	16/3 = 5 1/3
质因数	48 → 12, 4；12 → 3, 4；4 → 2, 2；4 → 2, 2
指数	2^4 × 3 (2×2×2×2) × 3
加、减、乘、除	734 × 227　　32)692
分数	14/20 = 7/10　4/6 + 2/6 = 6/6 = 1　1/2 × 1/2 = 1/4　3/4 ÷ 1/4 = 3
钱	\$3.66 × .85　　\$1.50)3.50

代数

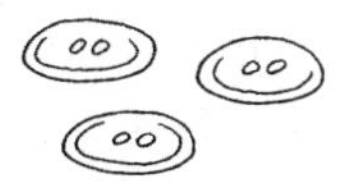

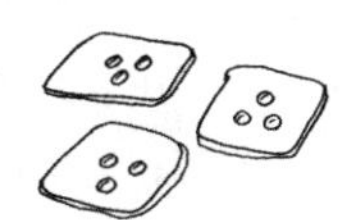

幼儿园

排序、分类、判断

3 + _ = 7　　8 - _ = 5

4 - 1 = 3

一年级

数字常识

加、减、等于应用题

加、减、等于

3 + 2 = 5 so 2 + 3 = 5

3 + 2 = 5

5 - 3 = 2 more than

1 2 3 4 5

二年级

表达及相关规则

带符号的数字句

加、减、等于

使用图表中数据进行加减法的问题

三年级

数字等式和不等式

表达及相关公式

单位转换

计算符号

函数关系和形式

$3 + n = 7$

$2 + n > 1$

$2 \times 3 = 6$ so $3 \times 2 = 6$

12 inches = 1 foot

1foot

$4 \_ 3 = 12$

4 legs so (4) $4 \times 4 = 16$ legs

四年级

计算符号

括号的数学意义

方程

等式的性质

$n \times 3 = 12$

$25 \div \square = 5$

$3 \_ 6 = 18$

$4 + (2 \times 3) =$

$4 + 6 = 10$

$y = 4x + 2$

$x = 2$

$y = 4(2) + 2$

$y = 10$

$A = lw$ w l

$2(6 + 2) = (8) \times 2$

$8 + (2 + 3) = 5 + 8$

(-2,2) (2,2) (-2,-2) (2,-2) (x,y)

$\square - \diamond = \_$ more $\square$

$5 - 2 = 3$ more $\square$

$y = 3x + 5$ $x = 2$

$= 3(2) + 5$

$= 6 + 5$

$= 11$

$3 + (6 \times 4) =$

$6 + (3 \times 4) =$

五年级

标出或画出坐标

使用图表或等式中的数据来解决问题

使用字母代表未知数

分配的性质

度量和几何

幼儿园

时间

度量单位

日历：星期、月份

几何图形

平面和立体图形

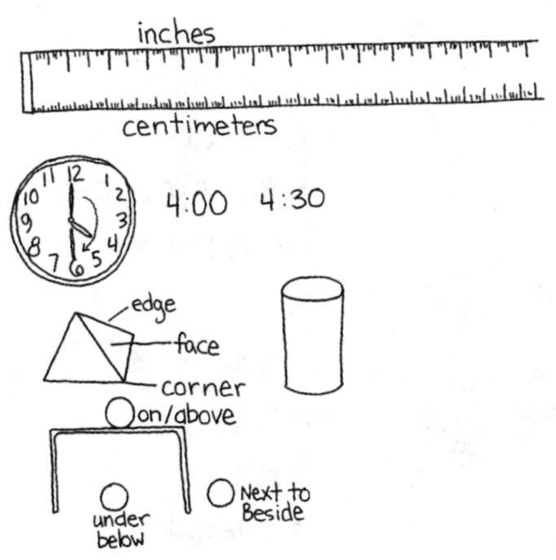

一年级

长度、重量、体积

时间：小时、半小时

识别和分类

平面和立体图形

邻近和位置

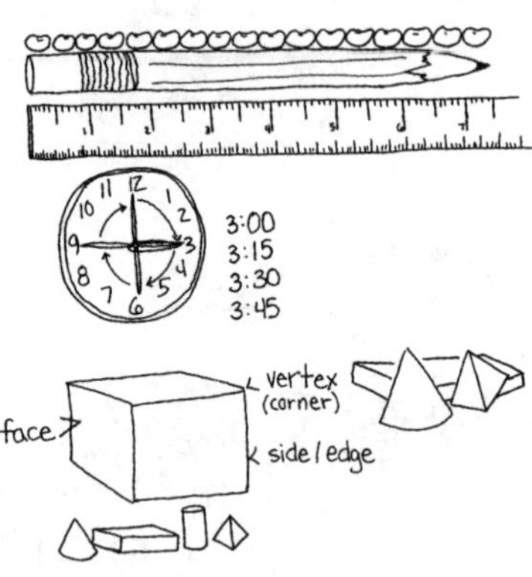

二年级

长度、重量、体积

度量单位：英寸/厘米

时间：小时、半小时、十五分钟

识别、分类和描述

平面和立体图形

时间的多种表达法

时间段

August = 31 days
1 year = 365 days
11 a.m. – 6 p.m. = 7 hours

三年级

长度、体积、质量

物体的面积和体积

周长

三角形的性质

四边形

多边形

直角和其他角

识别、分类和描述

平面和立体图形

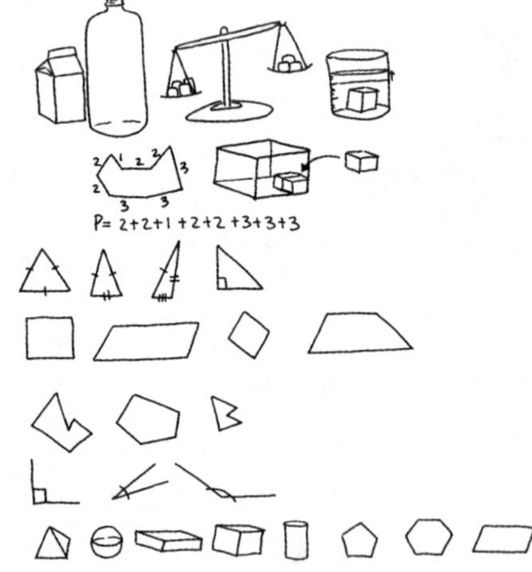

四年级

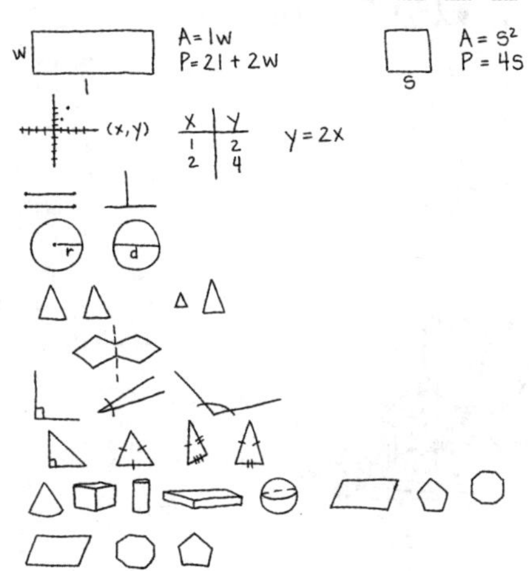

物体的面积和体积

周长

二维数轴

平行和垂直相交的直线

圆形的半径和直径

相同和相似的图形

对称

直角、钝角、锐角

三角形的性质

识别、分类和描述

平面和立体图形

四边形

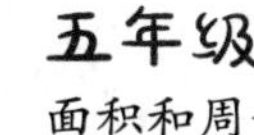

五年级

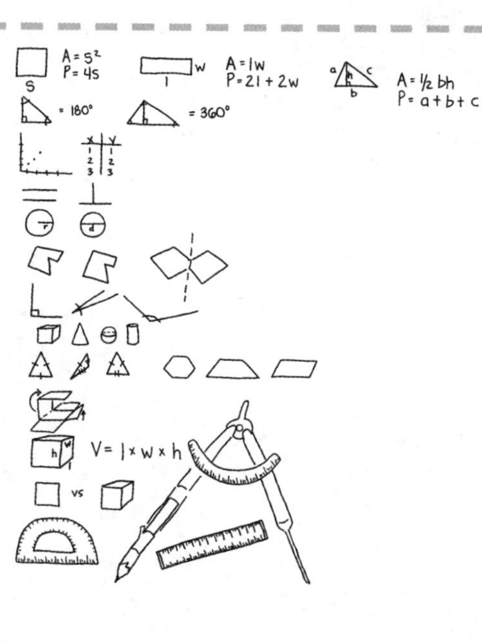

面积和周长公式

三角形角度的总和

二维数轴

平行和垂直相交的直线

圆形的半径和直径

相同和相似的图形

直角、钝角、锐角

几何图形

定义三角形和四边形

画二维数轴

体积

二维和三维物体的对比

角的度量、判断和绘画：量角器和圆规

统计、数据分析和概率

幼儿园

根据常见的属性分类

收集数据

用统计图表进行记录

简单的图形

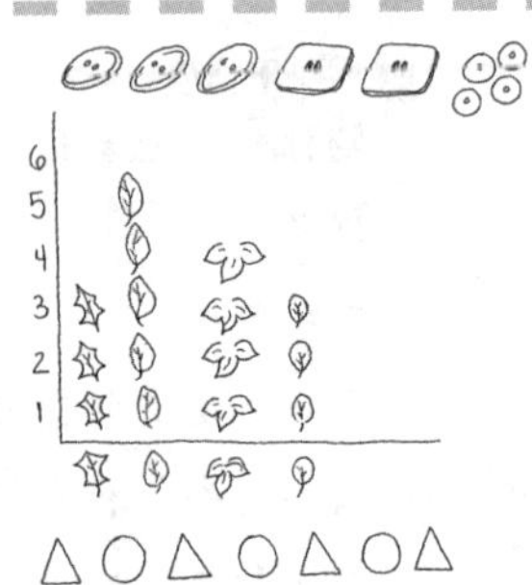

一年级

根据常见的属性将物体和数据进行分类

柱状图和统计图

刻痕计数

简单的重复形式

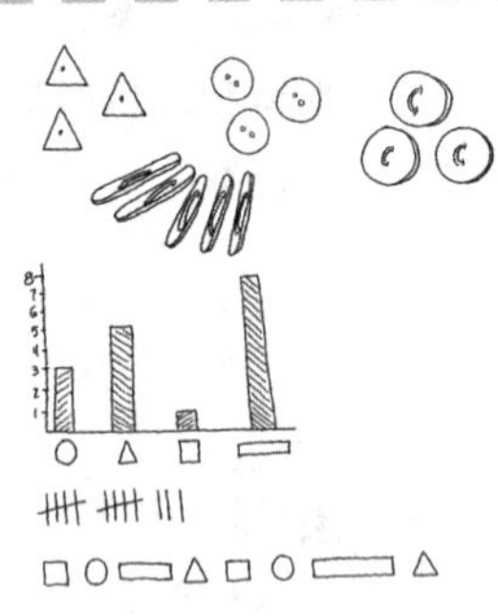

二年级

记录数据

图形和表格

众数和全距

展开形式

刻痕计数

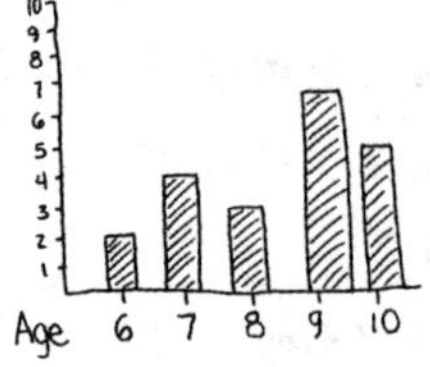

range = 6 - 10 (10-6=4)
mode = 9

3, 6, 9, □, □, □

三年级

确定、可能、不太可能

不可能

结果和概率

柱状体

线图、对应的点

预测未来的事件

平均数、众数和全距

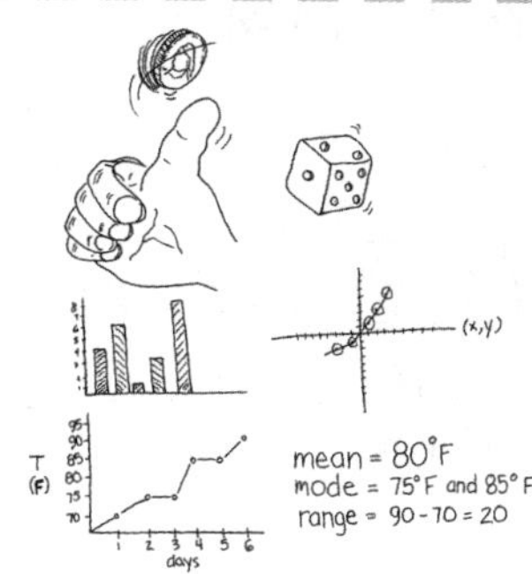

四年级

设计收集数据的调查问题

图形、表格

平均数、众数和全距

表示结果

表格、数轴和三维图

结果和概率

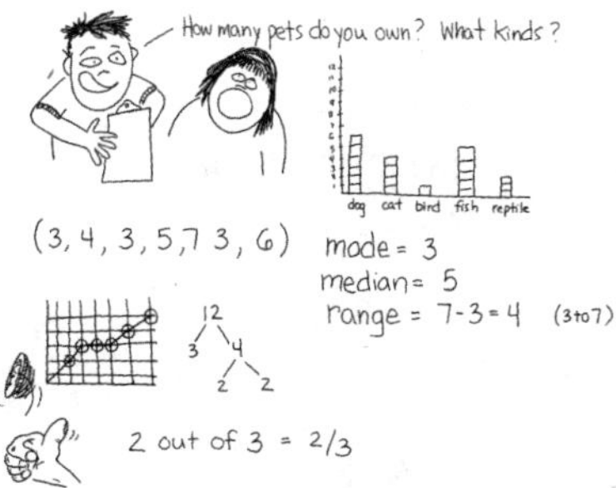

五年级

平均数、中数和众数

组织和展示数据

饼图

柱状图

频率直方图

线图

对比数据

分数和百分比

识别和写出数轴上特定点的坐标

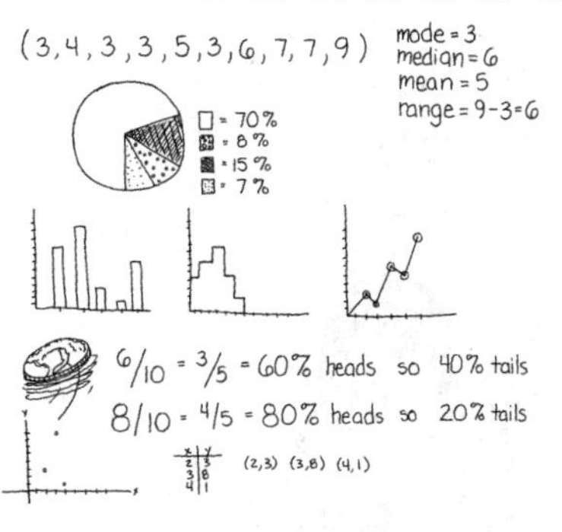

数学推理学习目标要求

幼儿园
使用工具、策略和教具
模拟问题
解释推理

一年级
使用工具、策略和教具
模拟问题
确定方法
解释推理
进行准确的计算
建立联系

二年级
使用工具、策略和教具
模拟问题
证明推理

三年级
把问题分解成简单的部分
估计
解释推理
用证据支持结果
进行准确的计算
归纳

四年级
对信息进行重要性排序
怎样以及何时分解问题
以多种方法清晰并有逻辑地
表达结果（数学符号）
分析准确和近似的结果
进行准确的计算
归纳

五年级
对信息进行重要性排序
怎样以及何时分解问题
以种方法清晰并有逻辑地
表达结果（数学符号）
分析准确和近似的结果
进行准确的计算
归纳

社会科学

社会科学是了解我们生活的世界、人类以及他们之间关系的学科，能够将周围的事物联系起来，从而帮助学生理解自己在学校、社会、地区、国家，以及世界中的位置和角色。和其他学科一样，不同的年级要教授相应的知识并为以后的学习打下基础。教师一定要遵照课程或标准，以确保学生了解自己需要为日后准备的技能。只有打好基础，才能继续学习。如果时间允许，还可以扩展到个人感兴趣的领域。

职业

现在和过去

国家标志、重要人物、传统

时间线

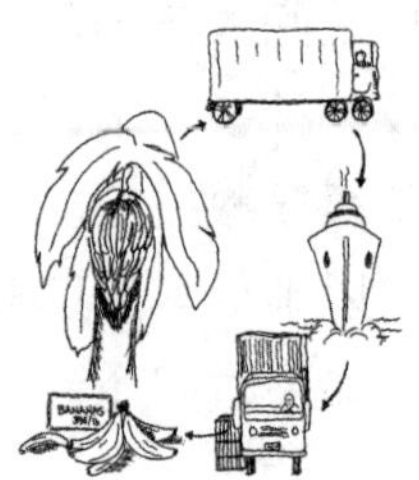

商业

解决争端和沟通

文化多元性

传统节日

近代历史

世界历史

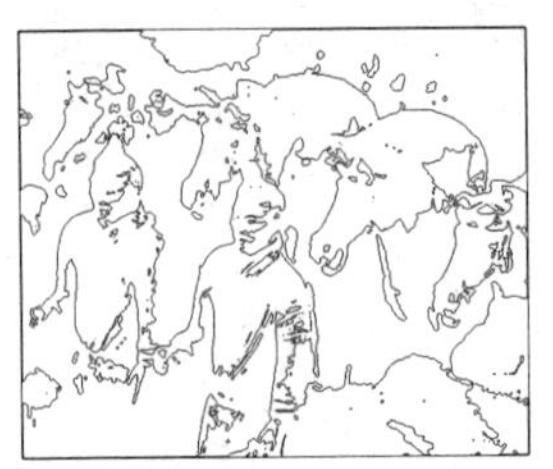

古代历史

民俗

英雄

经济

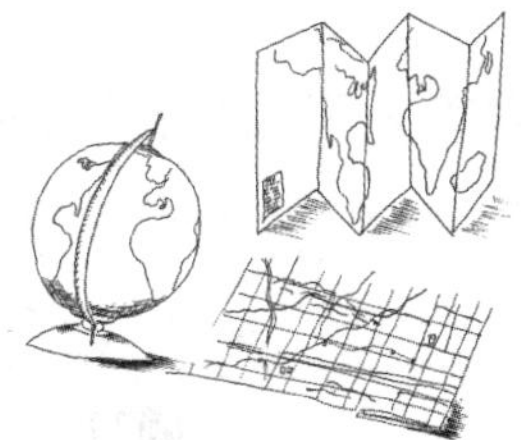

地图和地球

性格

公民义务

政府

社区

科 学

科学的教学被划分成三大主要的知识脉络。每个年级都会对三个知识脉络加以涉猎，但学习和理解的知识都会符合相应的年龄层次，同时，各年级的学习也会为以后奠定基础。尽管你个人可能对某一领域的教学更感兴趣，但首要目标是完成标准内的教学任务，这样才能确保学生在日后的学习中不会遇到困难。例如，在一年级时可能会学习一些简单的机械，而到了五年级又会进行更深入的学习。

物理科学

物理科学是对自然界中存在的物理现象进行学习，下面是物理科学主要知识点的概括列表。

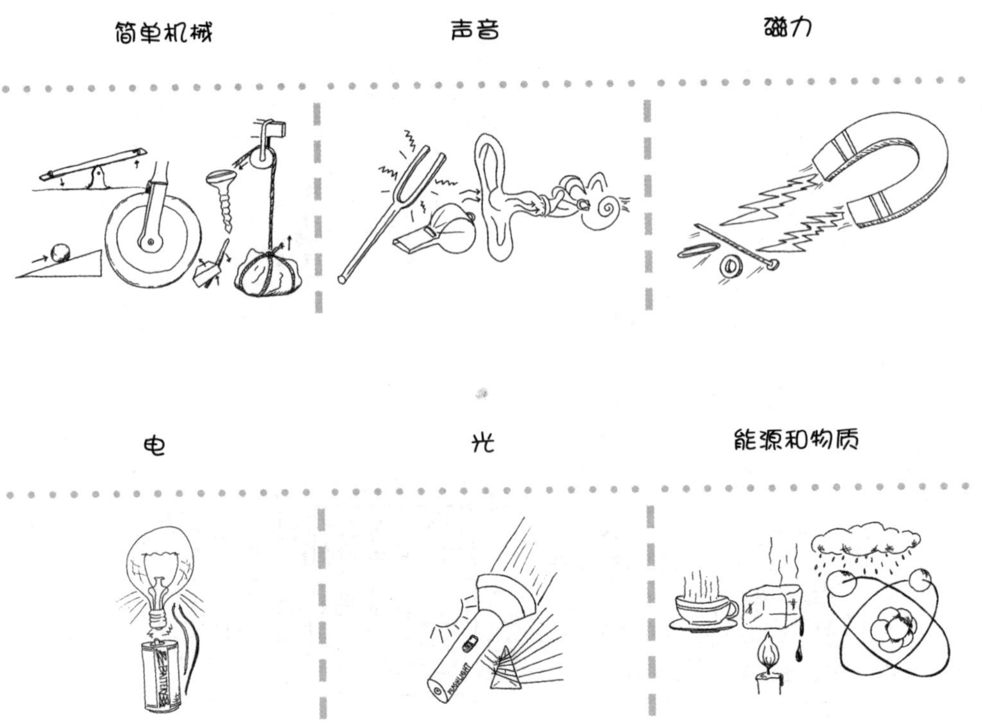

生命科学

生命科学是对所有生命体的学习。下面是生命科学的知识点概要，请核对本年级教学标准的具体要求。

地球科学

地球科学关注的是地球和它的物理结构、循环以及内部关系。而太空科学由于从行星角度研究地球，因此也归属于这个学科。

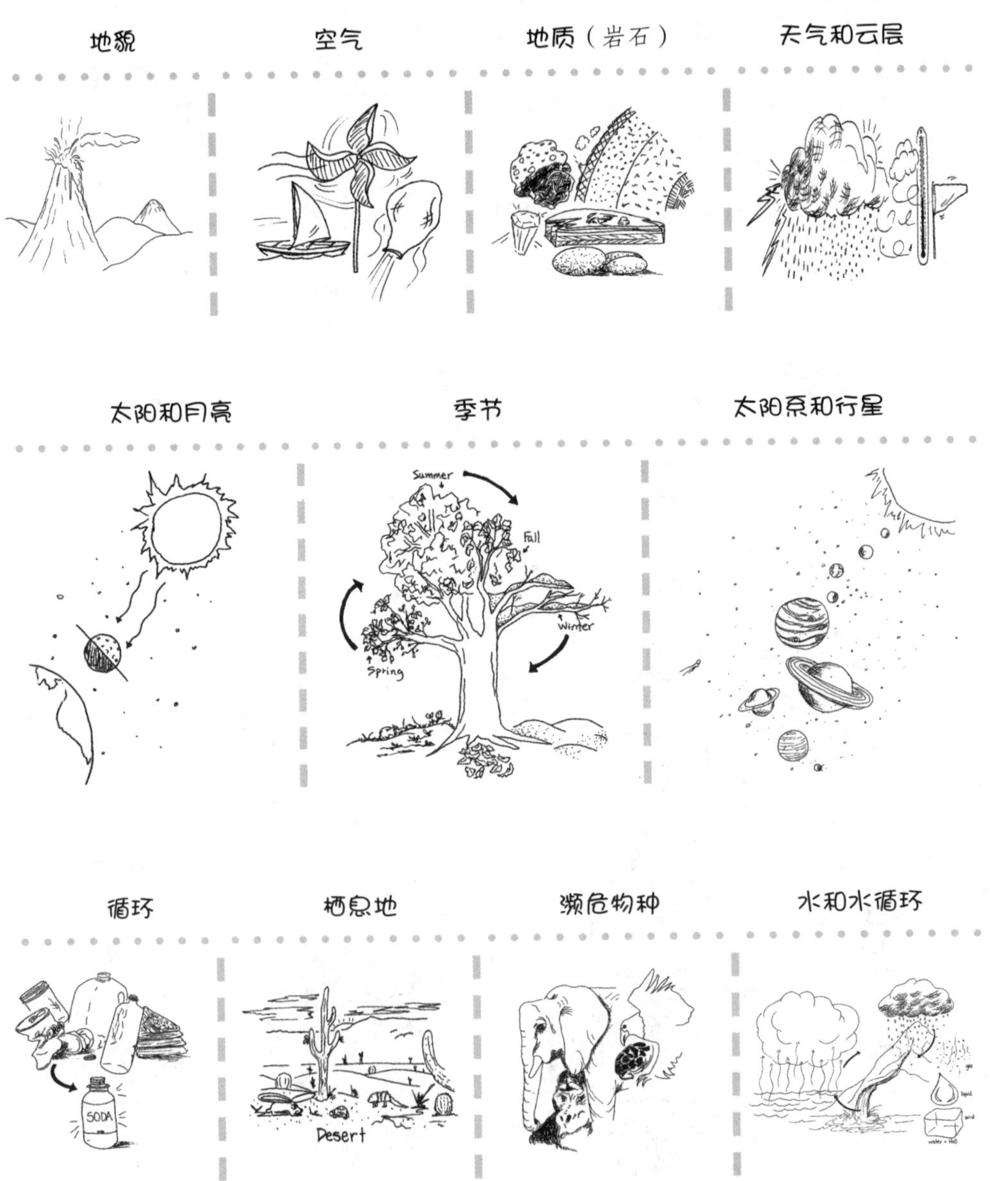

美 术

美术是儿童教育和个人创造性表达至关重要的一部分。许多教师认为自己不懂绘画就不能教美术这门课，这种想法是错误的。教师所需提供的就是适当的环境、材料，再加上热情、激励，学生们会自行完成余下的部分。下面对美术元素和设计原理进行了简单归纳。只要理解了这些概念，并准备好基本的美术素材，那么任何人都可以教美术。

美术元素

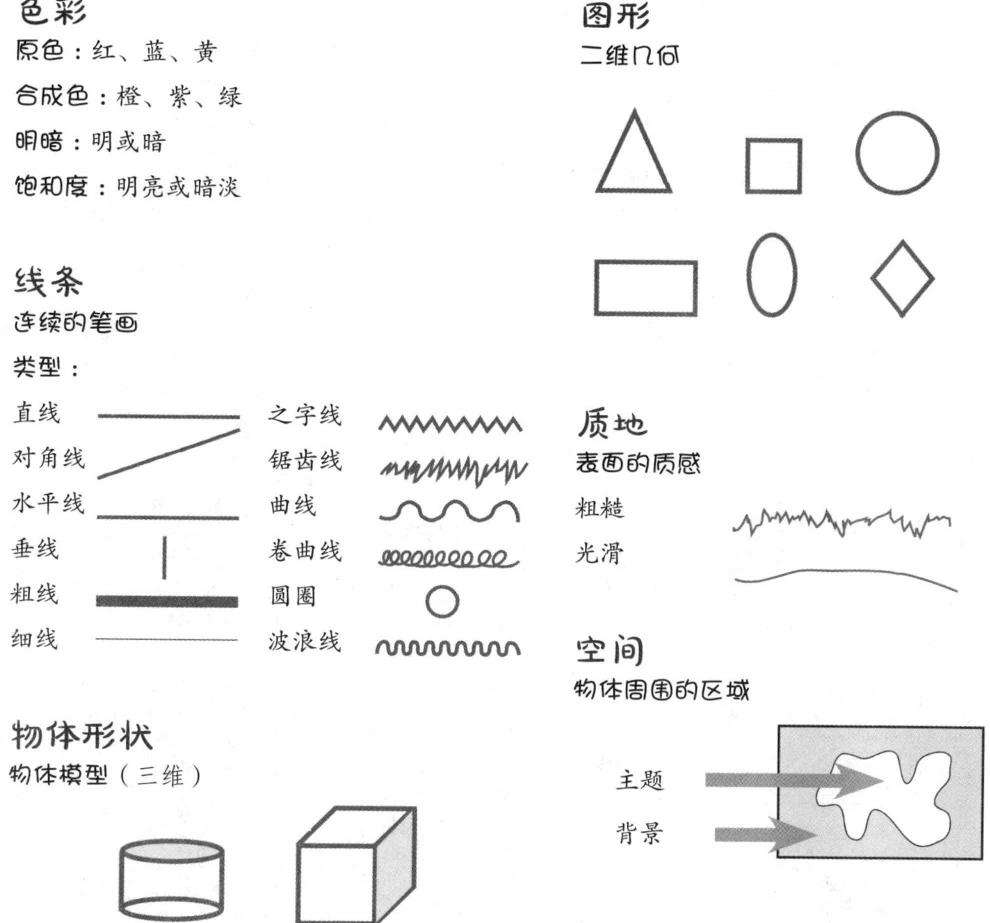

美术概览

平衡

非对称

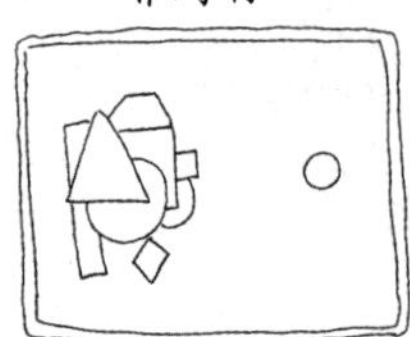

平衡

放射

平衡

对称

主题

主要想法

重复

元素反复出现

移动

眼睛在艺术作品上的移动路线

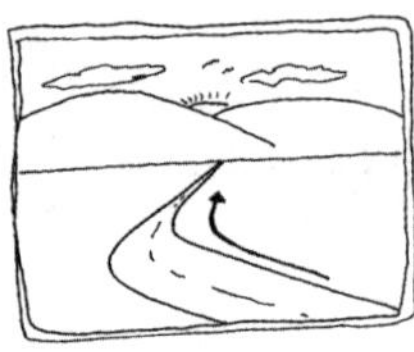

对比

对立面

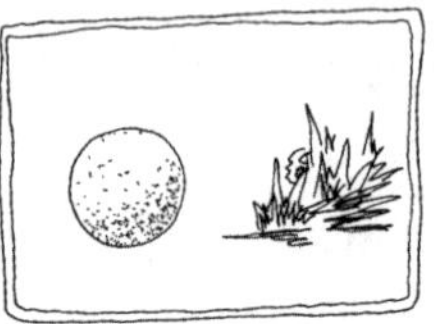

支配

强调某一部分

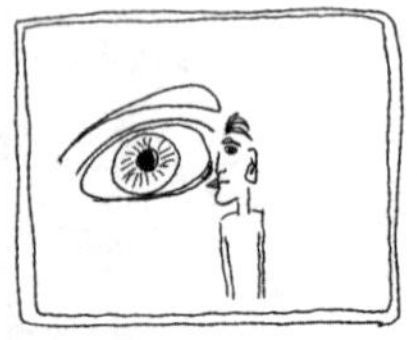

整体

自成一体

节奏

线条形状单元反复出现

强调

突出

美术教学工具

下面是教室中可能用到的基本美术工具清单，并不是所有学校都会配备这些工具。咨询校方可以提供和允许使用哪些工具。

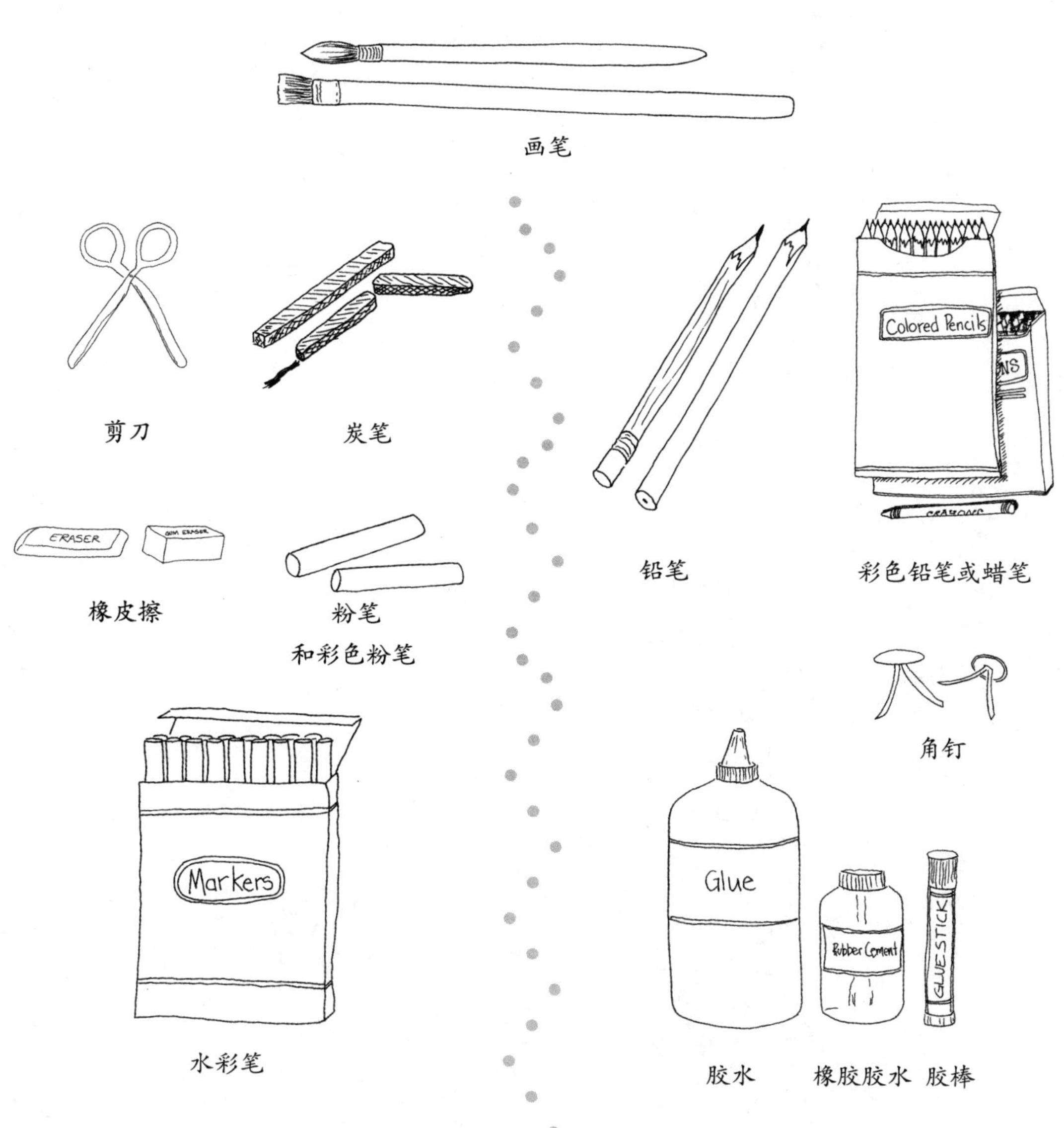

画笔

剪刀　炭笔　铅笔　彩色铅笔或蜡笔

橡皮擦　粉笔和彩色粉笔

角钉

水彩笔　胶水　橡胶胶水　胶棒

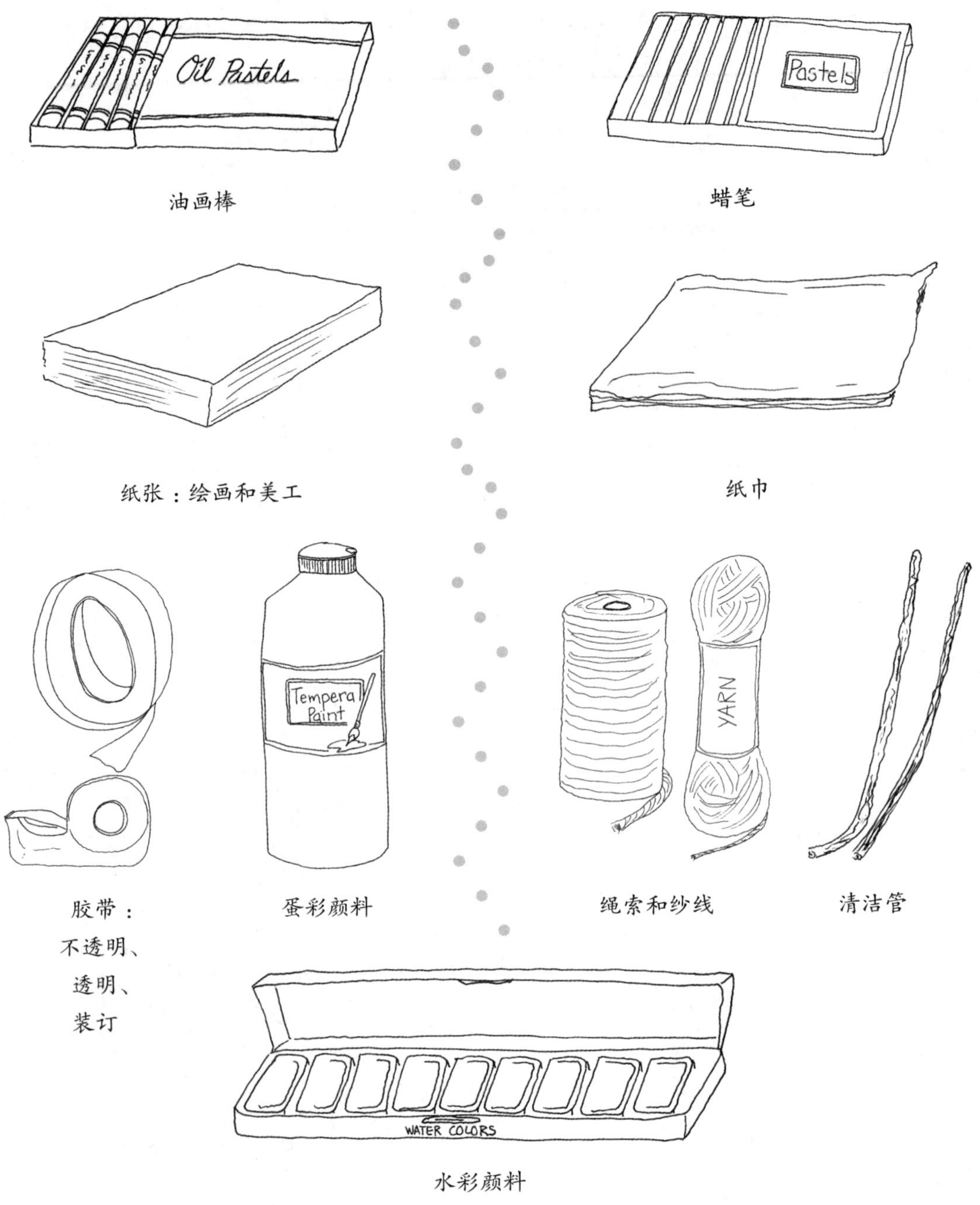
Oil Pastels
油画棒
Pastels
蜡笔
纸张：绘画和美工
纸巾
Tempera Paint
YARN
胶带：
不透明、
透明、
装订
蛋彩颜料
绳索和纱线
清洁管
WATER COLORS
水彩颜料

色轮

色彩是美术中的一个基本元素，学生们从幼儿园起就开始学习如何调色。色彩分为三种原色，三种合成色和五种中间色；互补的颜色成为补色。为了更好地进行色彩教学，可以使用色轮。下一页附有制作色轮的基本模板，下文是对色彩的基本解析和制作色轮的建议。

可以使用的制作工具有：

蜡笔

彩色铅笔

水笔

颜料

★ 较厚的纸

（硬纸板也可以）

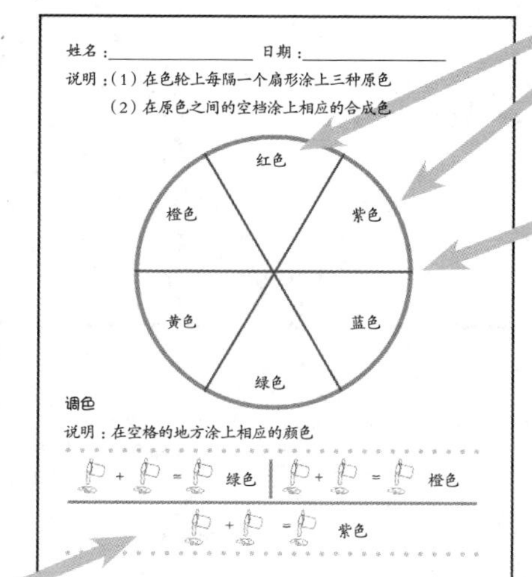

给三种原色分别上色。

然后再给三种合成色上色。

高年级学生可以在各种颜色之间画出中间色。

蓝色+黄色=绿色

红色+黄色=橙色

红色+蓝色=紫色

原色	冷色	中间色
红 橙 黄	蓝 紫 绿	红-紫、红-橙 蓝-紫、蓝-绿 黄-橙、黄-绿

原色	冷色	中间色 （色轮上位置相对的颜色）
紫 蓝 绿	红 橙 黄	红 → 绿 蓝 → 橙 黄 → 紫

姓名：______________________日期：______________

说明：（1）在色轮上每隔一个扇形涂上三种原色

（2）在原色之间的空档涂上相应的合成色

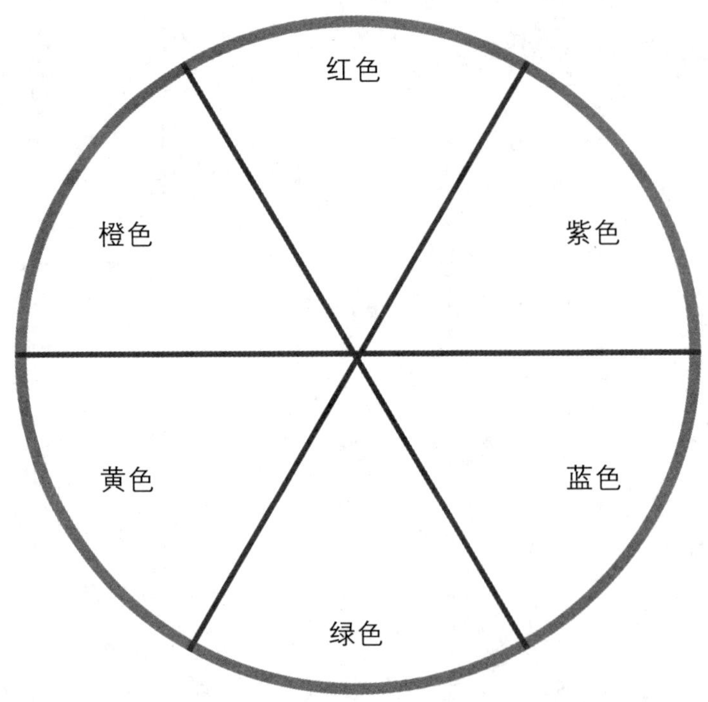

调色

说明：在空格的地方涂上相应的颜色

\+ = 绿色

\+ = 橙色

\+ = 紫色

音 乐

与视觉艺术一样，音乐也是开发学生创造性的有力途径。许多教师羞于教授音乐，但其实完全可以化繁为简。同样，可以先咨询擅长此领域的教师有哪些创意和建议，另外，给学生分组也是一个不错的选择。下面是对基本音乐术语、音乐活动和基本音乐教学工具的概览。

术语

节拍： 音乐的节奏；击掌、轻轻敲打等

节奏： 音乐的流淌，音节和停顿带来的动感，赋予音乐不同的特色

旋律： 音调合在一起产生的曲调，有节奏

音高： 声音的高和低

和声： 某一声音的重复

停顿： 音乐中不出声的停顿

活动

说唱： 把歌词和歌曲对应，一边播放音乐，一边念词，能够帮助学生学歌，同时对于小学生来说，也可加强他们对印刷文字的熟悉和从左到右逐字阅读的能力。

伴奏： 把教室中的一些用具分发给学生，让学生随着音乐的节奏和旋律打节拍。第一次可以让全班一起打节拍，之后就可以使用乐器进行伴奏。这个活动既简单又受学生欢迎。只需利用少数乐器轮换使用即可。

节拍传递： 坐成一圈或把桌子围成一圈，一名学生先用手打出一个节拍，然后全班再重复相同的节拍。每个学生可以轮流一次，还可加入动作，或者加入乐器如学生们一边重复节拍，一边传递乐器，来决定下一个轮到谁。

基本乐器

学校有时会为各个教室配备一套基本的音乐教学工具，咨询学校或其他教师是否可以借用此类工具，不然的话也可制作一些最基本的乐器（查看下面的建议）。但切记要制定乐器使用规则，以便保存乐器和维持秩序。对于低年级的学生，可以多给他们一些自己探索的时间（五分钟），让他们自己发掘乐器的使用方法。

建议规则：

1. 未经允许不能随便使用乐器。
2. 教师允许后方可使用。
3. 认真倾听并遵守要求。
4. 在自己使用完毕后把乐器交给下一个轮到的同学。
5. 不遵守规则的同学本轮不得使用乐器，直到下一轮才能恢复。

沙球

锯琴节拍木

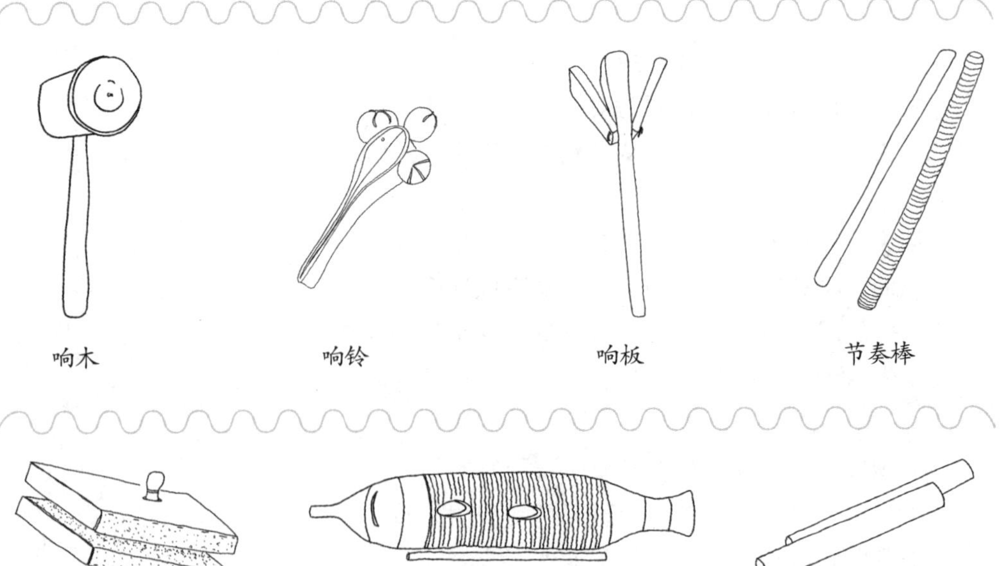

响木　响铃　响板　节奏棒

砂箱墩　锯琴　硬木对棰

牛铃
小手鼓
三角铁
铜钹
邦戈手鼓
响木
嗵嗵手鼓
手指钹
开口木鼓
手鼓

自制乐器

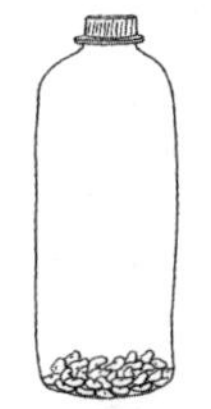

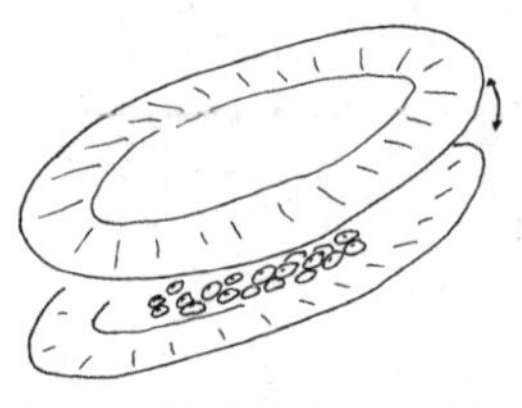

塑料瓶沙锤

- 塑料瓶
- 加入豆子或大米
- 用纸覆盖或装饰

卡祖笛

- 卫生纸卷
- 在一端放入蜡纸
- 用橡皮筋固定
- 在橡皮筋下方打孔
- 在没封闭的一端发声

纸板沙锤

- 用两张纸板装饰并用胶带粘好
- 装入豆子或大米

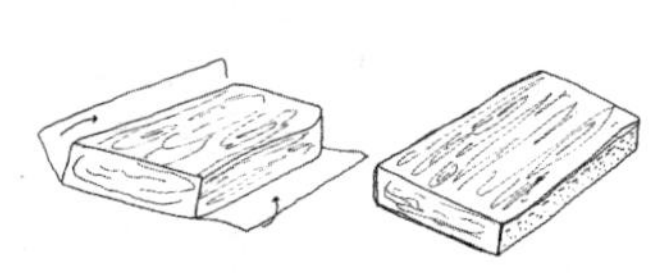

硬木对棰

砂箱墩

- 两个木块和砂纸
- 裁剪砂纸并包住木块的三面
- 每一面都涂上胶水并粘上
- 加固

水桶鼓

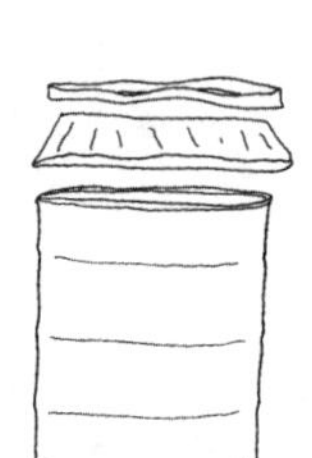

卷筒纸沙锤

- 两端用蜡纸固定
- 填入大米或豆子

手指钹

- 使用小号啤酒瓶盖
- 在中间穿洞固定橡皮筋

木槌

- 在铅笔上安软木塞

咖啡罐鼓

- 把罐子腾空，两底拆除
- 用蜡纸、塑料膜或皮革等封住一端
- 用粗橡皮圈固定

体育教学和游戏

体育教学是学生教育和健康成长的重要组成部分，既能在学习之余放松大脑又能锻炼身体。但教师们可能会发现常常很难挤出时间安排体育课。根据各学校规定的不同，可以采用下列一些活动/游戏的建议。但一定要查阅学校标准（关于技能和活动时间的要求）来选择适合学生层次的游戏，同时也可以咨询其他教师如何挤出体育课的时间以及通常进行哪些活动。大部分学校都设有相关器材以及特定的活动场地。体育教学不仅可以使学生得到放松，还可以加强同学之间、师生之间的关系，最重要的是它能够让学生在竞技中增长自信。尽管试一试吧，你一定会获益匪浅的！

可以以全班、小组或个人为单位进行游戏。当天气不好时，也有适合室内玩耍的游戏项目。从中国青年出版社出版的《88种美国中小学经典课堂教学活动》中，您也可以了解到更多精彩的活动。

下面提供了一些活动的建议，希望可以帮助你进入角色。

小组户外游戏

四方格　　跳房子
手球　　绳球
跳绳

全班户外游戏

猫捉老鼠　　偷培根
红灯停，绿灯行
鸭，鸭，鹅

室内游戏

猎人游戏　　七喜
拼单词
环游世界
学习接力

小组户外游戏

四方格

描述：小组游戏

技能：接球、传球

规则：

1. 将一块大的四方形场地平分为四个小方格，玩8.5英寸标准红色软橡胶儿童足球。

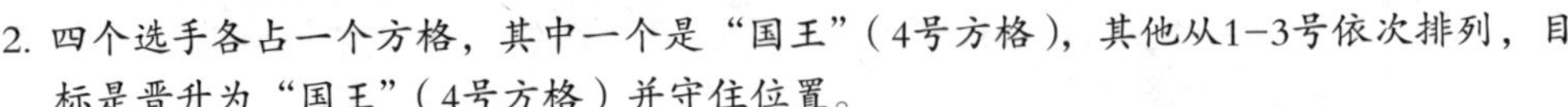

2. 四个选手各占一个方格，其中一个是“国王”（4号方格），其他从1–3号依次排列，目标是晋升为“国王”（4号方格）并守住位置。
3. 国王负责发球，先在自己的方格里弹一下球然后把球击到（单手或双手）其他任意一人的方格中。
4. 接到球的人在自己方格内弹一下球后再传到其他人的方格里。
5. 游戏继续直到有人出局。出局的情况有：
   - 传球失败（球没有落到其他人的方格里）
   - 还没在自己的方格里弹一下球，选手就开始击球了
   - 球弹了两次（或没弹）
   - 用拳头击球
   - 击球时出界（超出方格）
   - 选手握着球不动
   - 球越过接球者的头（击球者出局）
6. 出局的选手退出方格，新的选手加入游戏，并从方格1开始，其他选手依次晋级。

跳房子

描述：考验技术和协调性的游戏

技能：跳跃、平衡、准确投掷

规则：

1. 准备一个跳房子方格。
2. 每名选手可以准备一个小的物品用来投掷方格（沙包或小石子）。
3. 选手从1至9号方格开始跳，或从9至1号方格开始跳（单数方格单脚落地，双数方格双脚落地）。
4. 顺利跳完方格的选手依次将准备好的物品投在每个方格里（从1号开始），一次只能投进一个方格里，随后选手开始跳方格，注意要越过投了物品的方格，跳完后再返回，在投了物品的方格停下取回物品。
5. 要求选手必须：
   - 选手只能将物品按顺序投进方格里，不能触线。
   - 选手跳进方格时不能触线、不能把抬起的脚放低或换脚。

手球

描述：两名选手对墙弹球

技能：弹球、击球、传球

规则：

1. 两名选手站在距离墙壁6英尺（发球线）和15英尺（发球线）之间。
2. 一名选手开始发球，先要将球在发球区的地上弹一下然后弹到墙上，随后球从墙上再弹回发球区内才能算数（必须在6到15英尺区域内）。有两次发球机会。
3. 随后二号选手将球在发球区的地上弹一下然后弹到墙上，不能弹两次。
4. 游戏继续，两人轮流发球，这时球可以弹到任何地方。
5. 游戏继续直到：
   - 两次发球机会都没能发球成功
   - 发球后，球没有弹回到发球区内或在球飞起时就击球了
   - 在球弹两次后才开始击球
   - 一名选手（恶意）打断另一名选手
   - 球弹出界
6. 犯规选手出局，新的选手代替他比赛，由原来的选手发球。

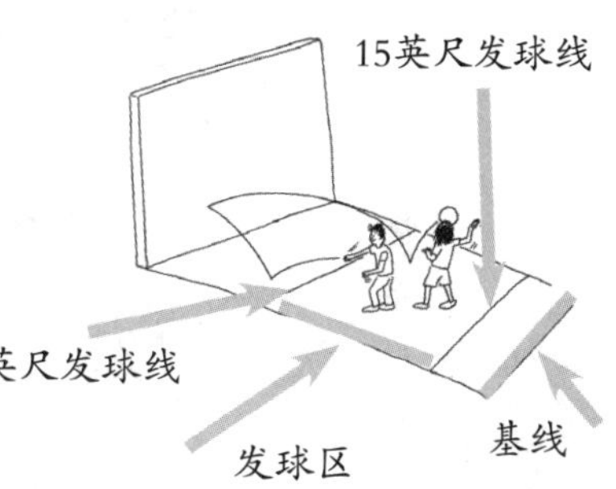

绳球

描述：球拴在一个杆子上，两名选手发球和击球

技能：对移动中的球进行发球和击球

规则：

1. 两名选手在绳球场上游戏。
2. 一名选手负责发球，另一名选手（1）预测发球的方向，（2）选择他站立的位置。
3. 发球者试图让球绕着杆子一圈一圈地转动，让绳子在杆上多缠几周。
4. 当接球者开始击球时，游戏就正式开始了，接球者要试着让球沿反方向转动，避免球缠在杆子上。
5. 能够让绳子完全缠在杆子上的选手就是赢家。
6. 当出现下列情况时，游戏终止或要受到惩罚：
   - 选手用除手和头之外的部位击球
   - 抓球或绳子，并停留一段时间
   - 碰到杆子
   - 选手进入中立区
   - 发球时绳就完全缠在杆子上了，接球者没有机会击球

跳绳

跳绳非常有益心血管健康，绝大多数学校都配备了标准设施，可以购买塑料绳或用粗棉绳自制跳绳。所有的游戏都需要教师在旁照看，让学生们学会轮流玩耍并掌握正确的方法是帮助学生成长的关键。下面是跳绳的几种玩法。

单人跳绳

- 单人绳（较短）
- 一名选手
- 双脚同时跳起或两脚分别跳过、停顿或运动

单绳双人跳

- 一根跳绳
- 两名摇绳者
- 1到2名跳绳选手
- 有跳绳歌伴奏会更有趣

交互跳绳

- 同时摇两根跳绳
- 两名摇绳者
- 1到2名跳绳选手
- 有跳绳歌伴奏会更有趣

跳大绳

- 一根跳绳
- 一名学生在圆圈中心
- 圆圈中有几名跳绳选手
- 位于中心的学生绕着圈子旋转跳绳
- 当跳绳转过来时，学生要跳起来
- 需要教师的监护

全班户外游戏

猫捉老鼠

描述：圆圈游戏，最多可有12名参与者

技能：跑步、躲避、追赶

规则：

1. 学生们手拉手围成一个圈。
2. 选出一名学生当“猫”，另一名当“老鼠”。
3. 猫在圈外，老鼠在圈里。
4. 猫要试着抓住老鼠。
5. 其余学生通过抬高或降低手臂来帮助老鼠，防止他/她被猫捉到。
6. 必要时，学生也要通过抬高或降低手臂来阻止猫抓到老鼠。
7. 一旦老鼠被抓到，扮演猫和老鼠的同学就要换人。

提示：

- 可以有两个猫或老鼠。
- 如果游戏进度太慢，可以让学生松开手。
- 同时强调注意安全，避免意外情况的发生。

偷培根

描述：在操场上玩的游戏，学生分成两队，每队约八人。

技能：跑步和躲避

规则：

1. 两队学生按顺序排开，相对站立，相同序号的同学站在相反的两端（斜对面）。
2. 把“培根”（用沙袋、毛绒玩具等充当）摆在中心。
3. 教师喊一个号码，两队被喊到号码的同学跑出来抢走培根跑回队伍里，同时不能被另一个选手抓到。
4. 选手可以在两队之间的任何位置躲藏。
5. 一旦选手出界或被追到，就要将培根放回原处，选手也各自归队。

提示：

- 成功偷到培根而没被抓到的队伍加2分。
- 成功追回培根的队伍加1分。
- 可以同时叫两个号码（总共4名选手）。
- 同时强调注意安全，避免意外情况的发生。

红灯停，绿灯行

描述：追逐游戏

技能：随着信号前进或停止

规则：

1. 一名学生被选作“红绿灯”，背对全班同学站立，其余同学面对他的方向站在一条起跑线上（距离25–30英尺远）。
2. 被选出的同学喊“绿灯”，其余同学向他或她的方向跑。
3. 当他或她喊“红灯”的时候，其余同学马上停下，而这名同学可以转身去抓还在动（没有停下来）的同学。
4. 任何被抓到还在动的同学必须回到起跑线，剩下的同学原地不动继续游戏，直到有人到达终点。
5. 第一名到达的同学就是下一个“红绿灯”。

提示：

- 可加长或缩短到达终点的距离。
- 同时强调注意安全，避免意外情况的发生。
- 告诉同学们要诚实，如果叫停后还在动要主动承认。

鸭，鸭，鹅

描述：追逐游戏，每次两个人

技能：听力、转圈跑步、向右转

规则：

1. 全班围坐一圈，选出一名同学。
2. 这名同学在圈外走，拍拍每位同学然后喊“鸭”。
3. 如果这名同学拍了一个学生然后喊“鹅”，被喊到的学生就要马上站起来，沿着相反的方向追拍他的同学一直到空出的位置再停下。
4. 两人中谁先到达，谁就可以坐下，另一个同学要继续绕圈走，拍拍其他同学，喊“鸭”，直到找出下一个“鹅”为止。

提示：

- 强调注意安全，避免意外情况的发生。

室内游戏

猎人游戏

描述：两人玩的室内游戏

技能：平衡和协调性

规则：

1. 在教室内确定活动路线。
2. 分别选出两名同学担任“猎人”和“猎物”，站在教室的两端。
3. 在每名同学头上放一块橡皮或一个沙袋，但他们不能触碰。
4. 然后两名选手可以开始移动了，猎人必须在保持头上物品不掉下来的前提下抓到猎物。
5. 如果猎物被抓到或弄掉了头上的物品，他需要选出一个新的猎人。
6. 新的猎人开始追逐猎物。
7. 只要有人被追到或头上的东西掉了，就要更换角色。

提示：

- 留意脚下的障碍物，避免绊倒。
- 强调注意安全，避免意外情况的发生。

七喜

描述：追逐和猜测游戏

技能：无

规则：

1. 选出7名选手站在教室前面，同时任命一名队长。
2. 队长对下面其他同学喊“低头”。
3. 学生们闭上眼睛、低下头，举起一只手。
4. 7名选手走到下面，每人拍一个同学，被拍到的同学要放下手，然后选手回到教室前方。
5. 当所有7名选手都回到前面时，队长喊“抬头，七喜！”
6. 所有坐着的同学抬起头，7名被拍到的同学站在自己的课桌旁。
7. 队长让这7名同学猜是谁拍了他们。
8. 猜中的同学可以和拍自己的同学互换位置，如果猜不对，游戏继续。
9. 当所有人都被猜中并互换完毕后，游戏结束。

提示：

- 队长要确定所有七个人都被拍到了，而且手都放下了。
- 偷瞄的同学取消游戏资格。
- 猜错的同学可以竖起拇指，这样其他人就有机会被拍到。

拼单词

描述：拼写游戏

技能：拼写和集中注意力

规则：

1. 教师说出一个需要拼写的单词，并选出一名学生说出首字母。
2. 学生说出首字母后，教师指派另一个学生说出第二个字母。
3. 游戏继续，直到所有字母都被拼出来。
4. 如果哪位学生落下了一个字母，那么他就得坐下，再叫另一位学生说出字母。

环游世界

描述：朗读游戏

技能：识字

规则：

1. 教师在记忆卡片上写下一系列单词。
2. 选出一名学生站在另一名学生身后。
3. 把其中一个单词展示给这两名同学，第一个读出来的同学向后退。
4. 再展示下一个单词，第一个读出的同学向前走。
5. 目标是让学生在全班（喻指世界）范围内活动。

学习接力

描述：数学和拼写游戏

技能：计算和拼写

规则：

1. 将全班同学按照学习能力平均分成两组。
2. 每组先选出一名同学到黑板前参加比赛，黑板已经被平均划分成两块。
3. 教师说出一个需要解决的数学问题或要拼写的单词。
4. 选手跑到黑板前自己的位置，开始解题或拼写单词。
5. 获胜的选手为自己小组加上1分。
6. 两组双方再选出下一名队员继续比赛，用刻痕计数的方式记分。

双语教学

根据所在学校英语学习者的数量多少，其可能要参与特定的双语项目或教育支持计划，下面是对课程项目和教学策略的简介。

双语项目中常见的首字母缩写及术语

ELL：英语学习者

ESL：英语非母语课程

ELD：英语语言发展

SDAIE：特别设计英语教学法

TPR：全身反应法

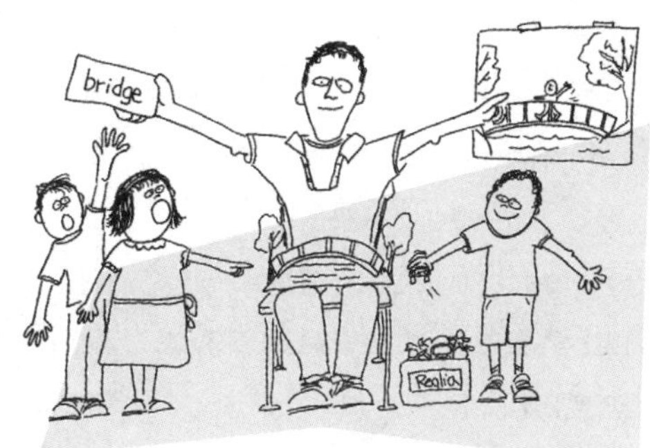

提示：

- 关注学生，建立支持的氛围。
- 了解学生的背景、文化和经历（使学习有意义）。
- 挑出关键词汇和技能来减轻内容的负担。
- 增加（班级、小组、伙伴间的）互动，通过讨论促进练习（使学习更有目的性）。
- 增加说和写的机会。
- 提供可理解的语言输入（调整教学以满足某一特定ELD层级的需要）。

作为教师，要时刻留意这些学生的需求——学习一门新的语言不是障碍，而是一个过程，需要大量的练习和实践。

SDAIE（特别设计英语教学法）

- SDAIE是一种策略教学法，课文分布较有层次，能够根据学生的需求复习词汇和概念，同时还可以集中到每一课的内容，从而为ELL学生降低难度（理解性输入）。这种策略十分有效，不仅仅局限于ELL学生。
- 能够帮学生获取信息。
- 有了这个策略，教师就可以了解学生的困难在哪、已知的有哪些、需要学习的有哪些。

Realia（实物教具）

- 可以使用实物来教授词汇（例如，塑料水果、衣物等）。
- 学生可以通过触摸、感受和角色扮演来制造“真实”的学习体验。

Preteach/Reteach（预教学/再教学）

- 提前给ELL学生教授课文中的词汇和概念。
- 提高熟识度/建立背景知识。
- 课后对已经教过的词汇和概念进行再教学。
- 复习和巩固。

TPR/Role-Play（全身反应法/角色扮演）

- 用身体的行动来描述动作。
- “坐下打开书”=坐下并打开书。
- 角色扮演包括演出真实的场景以及情景对话练习。
- 真实的学习体验。

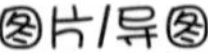

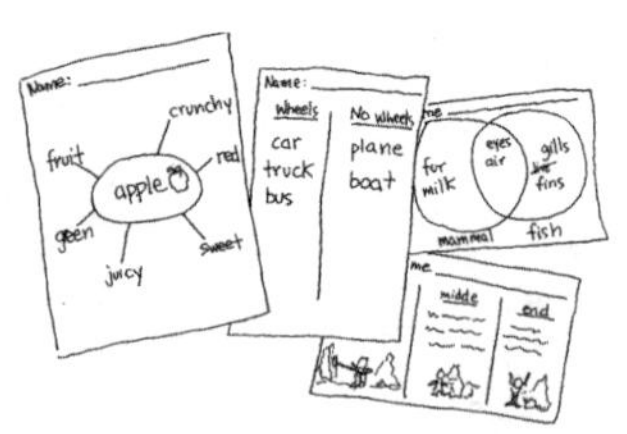

- “一图胜千言。”
- 物品的图片或场景的图片。
- 导图能够简化信息。

训练大脑的海绵活动

海绵活动可以有趣并有效地利用空余时间、午餐、休息和放学前的5到10分钟，训练学生运用全新而不落俗套的方式思考。下面是一些关于海绵活动的建议。

低年级

- 跟全班同学讲一个操场规则。
- 说出班级中名字以字母P或M等开头的同学。
- 画出一个只需要用圆圈就能完成的图案。
- 讲一个有益健康的习惯。
- 在黑板上画出一种颜色，让同学们画出同一颜色的事物。
- 说出某个数字、星期、月份，让学生们接下去。
- “我去体育用品商店时买了……”，让学生用这个句式造句。
- 31−33和45−47之间是什么数字，诸如此类。
- 46、52、13之前和之后是什么数字，诸如此类。
- 在黑板上写出一个单词，让学生们列出一系列押韵的词。
- 在黑板上写出一个单词，让学生们列出有相同长元音或短元音的单词。
- 按abc顺序排列单词。
- 分别以2、5、10等为单位数到100——口头或笔头。
- 用丁字尺来训练数学基础。
- 想出哪些动物生活在丛林、农场、山地、水域等。
- 说出水果、植物、肉类等的名字。
- 玩“我说你做”游戏。
- 玩“我是间谍”游戏。
- 列出你可以触摸，或可以闻的东西，大的东西，小的东西等等。
- 列出你衣服的颜色。

低年级放学前

- “我是间谍”——谁能找到教室里以M、P等字母开头的东西。
- 谁能找到教室里有短音a和长音o发音的物品。
- 分别以2、5、10等为单位数数。
- 说出星期、月份等。
- 今天是星期几？哪个月份？哪一天？一年有几个月？一周有几天？
- 使用记忆卡片，第一个回答正确的同学可以早点放学。
- 复习四个基本形状：让每个学生指出教室中该形状的物品。
- 说出以某个辅音或复合音开头、结尾的单词。
- 以眼睛颜色、衣服尺码及鞋子号码、出生月份、出生季节或字母开头来分批放学。
- “我们今天学了什么？”让学生说出今天学的是哪一课。

高年级

- 列出各大洲的名称。
- 编出三个摇滚乐队的名字。
- 说出尽可能多的恐龙品种。
- 选择一个数字，写在纸上，然后以它为基础画出人脸。
- 说出尽可能多的宝石名称。
- 写出班里所有女孩或男孩的名字。
- 写出尽可能多的学校教师的名字。
- 列出尽可能多的省市名称。
- 尽量写出：（a）缩写；（b）罗马数字；（c）商标；（d）专有名词（传记）；（e）专有名词（地理）。
- 你知道多少国家和首都的名称？
- 你知道多少支棒球队？
- 尽量写出你知道的卡通人物。
- 列出尽可能多的花朵名称。
- 列出你家里起居室内的部分物品。
- 如果你在你家后院或街上看见一头大象，你会怎么做？写下来。
- 写出尽可能多的冰淇淋种类。

- 列出分别含有字母表中各个字母的制造品。
- 列出你房间中包含的所有名词。
- 列出国内的山脉。
- 正确写出每年12个月份的英文，写好后起立。
- 写出放学后你可以在外面做的五件事。
- 列出分别含有字母表中各个字母的专有名词。
- 写出尽可能多的节日。
- 以6为单位写数字，越大越好。
- 说出体育用品中的球类名称。
- 列出你所知道的国家领导人。
- 列出你所能想到的所有的工具名称。
- 列出你知道的汽车型号。
- 说出所有你知道的颜色。
- 你知道一辆汽车或电脑由多少部分组成吗？
- 你知道多少以元音开头的动物名称？
- 列出尽可能多的树木的名称。
- 写出你所知道的国家名。
- 说出尽可能多的人称代词。
- 列出你知道的交通工具种类。
- 你能列出多少种语言？
- 假设有五个孩子，分别给每个孩子起名。
- 说出所有用布料制作的东西。
- 列出你能想到的乐器。
- 说出你所知道的政治家。
- 说出你知道的战争。
- 列出你知道的狗的种类。
- 把10个单词打乱拼写顺序，与同学互换，再把单词拼好。
- 说出让人们变得相同的东西。
- 说出让人们变得不同的东西。
- 列出你所知道的汤品的种类。
- 列出所有你能找到沙子的地方。
- 列出你所知道的早餐麦片。

独立完成任务的程序和规则

独立任务是非常重要的，它可以让你有机会与学生或小组成员单独相处。同时，训练学生独立完成任务可以使教学更加顺畅。因此需要建立一套任务程序和规则，然而由于学生的水平和学习速度各不相同，故而这套程序也要满足不同层次学生的需求。下面是一些独立的任务活动和实施方法建议。

必做和选做

- 根据你的教学目标确定哪些是必做，哪些是选做。
- 使用图表纸或写字板。
- 一步一步介绍活动，直到学生们可以自己操作为止（特别是低年级）。
- 在固定地点备好模板、复印件和纸。

活动建议

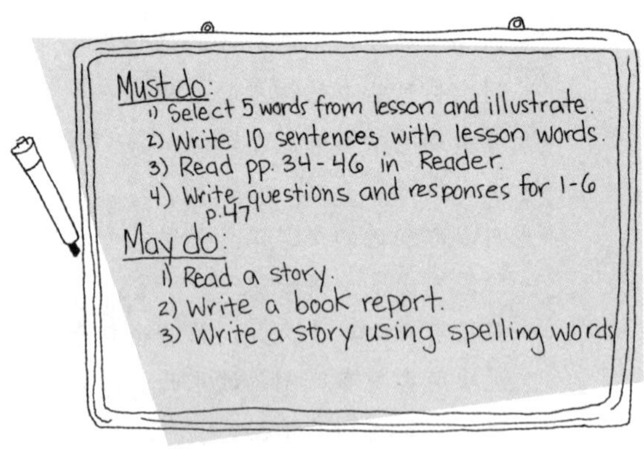

- 用给出的单词造句。
- 写出和画出特定的单词。
- 按照给出的题目和单词编写一个故事（例如，用给出的单词写一篇“我的沙滩之旅”的故事）。
- 按照字母顺序排列单词。
- 找出单词的同义词和反义词。
- 给单词加上前缀或后缀。
- 阅读一则故事，查字典，找到单词或词汇，从故事中找到一个例句，并写一篇读书报告。
- 从额外任务篮中挑选一个活动（记得复印一些备用）。
- 就某一故事或话题写出关于谁、什么、何时、在哪、为什么，以及怎样（who, what, when, where, why, and how）的问句（也可以两人搭档）。
- 用尽可能多的方式表达一个数字（例如9=4+5，13−4，3×3等等）。
- 写出应用题的答案并解释。

规则建议

- 放低音量，保持安静。
- 在向老师提问前，先询问其他至少三名同学。
- 完成必做后再开始选做部分。

读书报告

读书报告是加强理解的良好工具，也可借此来评估学生的理解程度。你可以让学生回答问题、评论书中人物或复述等。后面列出了读书报告的三种格式仅供参考。你可以从中选出最适合学生情况并符合教学标准的模板，同时可以咨询学校和其他教师是否有可用的模板。

初级读书报告

这是读书报告最基本的格式。对于幼儿园学生甚至可以听写他们的读书报告，然后画图，下面是这种读书报告的关键组成部分：

姓名、日期
题目、作者
插画家
用三句话概括书中内容
学生自己的插画

中级读书报告

这种读书报告已经不单单是几句话总结，而是要学生说出最喜欢的部分。下面是这种读书报告的关键组成部分：

姓名、日期
教师、教室、题目
用三句话概括书中内容
用三句话概括学生最喜欢的部分
学生的插画

高级读书报告

这种读书报告的关键组成部分包括：

姓名、日期、教师、年级、教室
题目、作者、插画家、版权、页数
类型
大纲
学生的报告
学生的插画

读书报告

姓名：______________________

日期：______________________

教师：______________________

年级：______________________

教室：______________________

题目：______________________

作者：______________________

插画家：______________________

版权日期：______________________

页数：______________________

类型：□小说　□非小说　□寓言　□科幻
　　　□童话　□说明文　□传记　□自传

读书报告大纲

选择一种大纲来帮助你写作。

□ 1.（a）说明主题。（b）列出你学到的三点知识。（c）描述最有趣的部分。

□ 2. 描述：（a）主要人物（b）场景（c）冲突或问题
（d）结果（e）个人感想和观点

____

____

____

____

____

____

____

____

在背面为你觉得最有趣的部分画一幅图。

日 志

日志能够帮助学生复习已学到的内容，也为学生提供了有条理地总结、预测、记录、列举和展示所学到东西的机会。日志也很容易装订，只要把喜欢的纸订在一起，再附上封面（美工纸、学生设计的封面等等）即可。甚至可以用不同颜色来代表不同科目（例如，绿色代表科学，红色代表数学）。日志中能够清楚地记录各科所学的内容，可以在家长会的时候用来向家长展示所学的内容，以及孩子们参与的过程。低年级学生的日志更易于管理，可以指派一名日志负责人统一收取、分发日志，也可以摆放在教室内固定地点或个人的书桌里。日志可以是由教师指导完成，或独立完成的。在一天的学习开始或结束时，可以作为一项热身和复习。下面是本书提供的日志类型。作为教师，你既要保持创新，也要咨询前人的建议。日志会带来有效且有意义的学习体验。

新闻日志

最新事件
校园事件
每日/每周课程总结

反思日志

文学反思
事件反思
课程反思

数学日志

应用题
问题解答
词汇/图解

科学日志

观察
预测
总结
数据
图解

社会科学日志

历史事件
节日
习俗
传统

空白日志

故事撰写
突发感想
每日记录

新闻日志

姓名：______________ 日期：______________ 班级：______________ 教室：________________

反思日志

姓名：______________________ 日期：______________________

数学日志

姓名：________________ 日期：________________

科学日志

姓名：______________________ 日期：______________________

社会科学日志

姓名：________________ 日期：________________

空白日志

姓名：________________________ 日期：________________________

姓名：

日期：

构 思

姓名：

日期：

草 稿

□ 编辑和订正

□ 检查

姓名：______

日期：______

评分

终 稿 ___/___/___/= ___

姓名：

日期：

我的故事

我的故事（接上页）

"常青藤"书系—中青文教师用书总目录

	书名	书号	定价
	特别推荐——从优秀到卓越系列		
★	从优秀教师到卓越教师：极具影响力的日常教学策略（入选浙江省教师节用书）	9787515312378	33.80
★	从优秀教学到卓越教学：让学生专注学习的最实用教学指南	9787515324227	32.00
★	从优秀学校到卓越学校：他们的校长在哪些方面做得更好	9787515325637	33.80
★	卓越课堂管理（中国教育新闻网2015年度"影响教师的100本书"）	9787515331362	68.00
	名师新经典/教育名著		
	如何当好一名学校中层：快速提升中层能力、成就优秀学校的31个高效策略	9787515346519	29.00
	像冠军一样教学：引领学生走向卓越的62个教学诀窍	9787515343488	49.00
★	如何成为高效能教师（美国最畅销教师用书，销量超过350万册，最专业、最权威、最系统的教师培训第一书）	9787515301747	89.00
★	给教师的101条建议（第三版）（《中国教育报》"最佳图书"奖）	9787515342665	33.00
★	改善学生课堂表现的50个方法：小技巧获得大改变（入选《中国教育报》2010年和2011年"影响教师的100本书"）	9787500693536	23.80
	改善学生课堂表现的50个方法操作指南：小技巧获得大改变	9787515334783	29.00
★	优秀教师一定要知道的17件事（美国当前最有影响教育畅销书作者全新力作）	9787515342726	23.00
	美国中小学世界历史读本 / 世界地理读本 / 艺术史读本	9787515317397等	106.00
	美国语文读本1-6	9787515314624等	252.70
	和优秀教师一起读苏霍姆林斯基	9787500698401	27.00
★	怎么做孩子会爱上学习（入选"21世纪中国教师必读的百种好书"，《中国教育报》"2010年影响教师的100本书"）	9787500685968	22.00
	快速破解60个日常教学难题	9787515339320	33.00
★	美国最好的中学是怎样的——让孩子成为学习高手的乐园	9787515344713	28.00
	教师成长/专业素养		
	你的第一年：新教师如何生存和发展	9787515351599	33.80
	教师精力管理：让教师高效教学，学生自主学习	9787515349169	28.00
	如何使学生成为优秀的思考者和学习者：哈佛大学教育学院课堂思考解决方案	9787515348155	39.80
	反思性教学：一个已被证明能让所有教师做到最好的培训项目（30周年纪念版）	9787515347837	49.00
★	凭什么让学生服你：极具影响力的日常教育策略（中国教育新闻网2017年度"影响教师的100本书"）	9787515347554	28.00
	运用积极心理学提高学生成绩：品格教育校本计划（中国教育新闻网2017年度"影响教师的100本书"）	9787515345680	39.80
★	可见的学习与思维教学：让教学对学生可见，让学习对教师可见（中国教育报2017年度"教师最喜爱的100本书"）	9787515345000	29.80
	教学是一段旅程：成长为卓越教师你一定要知道的事	9787515344478	39.00
	安奈特·布鲁肖写给教师的101首诗	9787515340982	35.00

	书名	书号	定价
	万人迷老师养成宝典学习指南	9787515340784	28.00
	中小学教师职业道德培训手册：师德的定义、养成与评估	9787515340777	32.00
	成为顶尖教师的10项修炼（中国教育新闻网2015年度“影响教师的100本书”）	9787515334066	35.00
★	T. E. T. 教师效能训练：一个已被证明能让所有年龄学生做到最好的培训项目（30周年纪念版）（中国教育新闻网2015年度“影响教师的100本书”）	9787515332284	39.00
	教学需要打破常规：全世界最受欢迎的创意教学法（中国教育新闻网2015年度“影响教师的100本书”）	9787515331591	33.00
	高效能教师如何带领学生取得优异成绩（中国教育新闻网2015年度“影响教师的100本书”）	9787515328980	39.00
	10天卓越教师自我培训（教育家安奈特·布鲁肖顶尖卓越教师培训教材）	9787515329925	29.00
	给幼儿教师的100个创意：幼儿园班级设计与管理 / 为幼升小做准备	9787515330310等	58.00
	给小学教师的100个创意：发展思维能力	9787515327402	29.00
	给中学教师的100个创意： 如何激发学生的天赋和特长 / 杰出的教学 / 快速改善学生课堂表现	9787515330723等	87.90
	以学生为中心的翻转教学11法	9787515328386	29.00
	如何使教师保持职业激情	9787515305868	29.00
★	如何培训高效能教师：来自全美权威教师培训项目的建议	9787515324685	32.00
	良好教学效果的12试金石：每天都需要专注的事情清单	9787515326283	29.90
★	让每个学生主动参与学习的37个技巧	9787515320526	28.00
	给教师的40堂培训课：教师学习与发展的最佳实操手册	9787515352787	39.90
	提高学生学习效率的9种教学方法	9787515310954	27.80
★	优秀教师的课堂艺术：唤醒快乐积极的教学技能手册	9787515342719	26.00
★	万人迷老师养成宝典（第2版）（入选《中国教育报》“2010年影响教师的100本书”）	9787515342702	29.00
	高效能教师的9个习惯	9787500699316	23.00
★	好老师可以避免的20个课堂错误（入选《中国教育报》“2010年影响教师的100本书”）	9787500688785	21.50
	爱·上课：麻辣教师调教“天下第一班”的教育奇迹（李希贵、窦桂梅推荐）	9787500693383	29.00
	课堂教学/课堂管理		
	智能课堂设计清单	9787515352985	49.90
	提升学生小组合作学习的56个策略	9787515352954	29.90
	快速处理学生行为问题的52个方法：让学生变得自律、专注、爱学习	9787515352428	39.00
	王牌教学法：罗恩·克拉克学校的创意课堂	9787515352145	39.80
	让学生快速融入课堂的88个趣味游戏	9787515351889	39.00
★	如何调动与激励学生：唤醒每个内在学习者（李希贵校长推荐全校教师研读）	9787515350448	39.80
	与孩子好好说话（获“美国国家育儿出版物（NAPPA）金奖”，沟通圣经）	9787515350370	39.80
	基于课程标准的STEM教学设计：有趣有料有效的STEM跨学科培养教学方案	9787515349879	68.00
	如何设计教学细节：好课堂是设计出来的	9787515349152	39.00

	书名	书号	定价
	15秒课堂管理法：让上课变得有料、有趣、有秩序	9787515348490	33.80
	混合式教学：技术工具辅助教学实操手册	9787515347073	39.80
	从备课开始的50个创意教学法	9787515346618	29.00
	中学生实现成绩突破的40个引导方法	9787515345192	33.00
	给小学教师的100个简单的科学实验创意	9787515342481	39.00
	老师如何提问，学生才会思考	9787515341217	33.80
	教师如何提高学生小组合作学习效率	9787515340340	29.00
	卓越教师的200条教学策略	9787515340401	35.00
	中小学生执行力训练手册：教出高效、专注、有自信的学生	9787515335384	33.80
	提高学生学习专注力的8个方法：打造深度学习课堂	9787515333557	35.00
	改善学生学习态度的58个建议	9787515324067	25.00
★	全脑教学：影响全球300万教师的教学指导书（中国教育新闻网2015年度“影响教师的100本书”）	9787515323169	38.00
★	全脑教学与成长型思维教学：提高学生学习力的92个课堂游戏	9787515349466	39.00
★	哈佛大学教育学院思维训练课	9787515325101	36.00
	完美结束一堂课的35个好创意	9787515325163	28.00
	如何更好地教学：优秀教师一定要知道的事（被英国教育界奉为圣经的教学用书）	9787515324609	36.00
	带着目的教与学	9787515323978	28.00
★	美国中小学生社会技能课程与活动（学前阶段/1-3年级/4-6年级/7-12年级）	9787515322537等	153.80
	彻底走出教学误区：开启轻松智能课堂管理的45个方法	9787515322285	28.00
	破解问题学生的行为密码：如何教好焦虑、逆反、孤僻、暴躁、早熟的学生	9787515322292	36.00
★	在普通课堂教出尖子生的20个方法：分层教学	9787515321868	29.90
	13个教学难题解决手册	9787515320502	28.00
★	让学生爱上学习的165个课堂游戏	9787515319032	39.00
	美国学生游戏与素质训练手册：培养孩子合作、自尊、沟通、情商的103种教育游戏	9787515325156	36.00
	老师怎么说，学生才会听	9787515312057	28.00
	快乐教学：如何让学生积极与你互动（入选《中国教育报》“影响教师的100本书”）	9787500696087	29.00
★	老师怎么教，学生才会提问	9787515317410	29.00
★	快速改善课堂纪律的75个方法	9787515313665	28.00
★	教学可以很简单：高效能教师轻松教学7法	9787515314457	39.00
★	好老师应对课堂挑战的25个方法（《给教师的101条建议》作者新书）	9787500699378	25.00
	快速调动学生参与的99个方法（被誉为美国调动学生参与最有价值之书）	9787515317069	31.90
★	好老师激励后进生的21个课堂技巧	9787515311838	23.80
★	开始和结束一堂课的50个好创意	9787515312071	29.80
	好老师因材施教的12个方法（美国著名教师伊莉莎白“好老师”三部曲）	9787500694847	22.00

书名	书号	定价
★如何打造高效能课堂（美国《学习》杂志"教师必选"奖，"激励教师组织"推荐书目）	9787500680666	29.00
合理有据的教师评价：课堂评估衡量学生进步	9787515330815	29.00
班主任工作/德育		
★北京四中8班的教育奇迹	9787515321608	36.00
★师德教育培训手册	9787515326627	29.80
设计智慧课堂：培养学生一生受用的学习习惯与思维方式	9787515352770	39.00
★设计和管理最优班级实用手册	9787515317731	49.00
★好老师征服后进生的14堂课（美国著名教师伊莉莎白"好老师"三部曲）	9787500693819	25.00
优秀班主任的50条建议：师德教育感动读本（《中国教育报》专题推荐）	9787515305752	23.00
学校管理/校长领导力		
学校管理者平衡时间和精力的21个方法	9787515349886	29.90
校长引导中层和教师思考的50个问题	9787515349176	29.00
如何定义、评估和改变学校文化	9787515340371	29.80
从优秀学校到卓越学校：他们的校长在哪些方面做得更好	9787515325637	33.80
优秀校长一定要做的18件事（入选《中国教育报》"2009年影响教师的100本书"）	9787515342733	26.00
构建杰出学校的7个杠杆	9787515324319	39.00
学科教学/教科研		
★人大附中中考作文取胜之道	9787515345567	39.80
★人大附中高考作文取胜之道	9787515320694	33.80
★人大附中学生这样学语文：走近经典名著	9787515328959	33.80
四界语文（中国教育报2017年度"教师最喜爱的100本书"）	9787515348483	49.00
让小学一年级孩子爱上阅读的40个方法	9787515307589	30.00
让学生爱上数学的48个游戏	9787515326207	26.00
★优秀小学语文教师一定要知道的7件事（窦桂梅畅销作品）	9787500674139	23.80
情商教育/心理咨询		
9节课，教你读懂孩子：妙解亲子教育、青春期教育、隔代教育难题	9787515351056	39.80
中小学心理教师的10项修炼	9787515309347	36.00
★别和青春期的孩子较劲（增订版）（入选《中国教育报》"2009年影响教师的100本书"）	9787515343075	28.00
★100条让孩子胜出的社交规则	9787515327648	28.00
幼儿园/学前教育		
幼儿园30个大主题活动精选：让工作更轻松的整合技巧	9787515339627	39.80
★美国幼儿教育活动大百科：3-6岁儿童学习与发展指南用书 科学/艺术/健康与语言/社会	9787515324265等	600.00
蒙台梭利早期教育法：3-6岁儿童发展指南（理论版）	9787515322544	29.80
蒙台梭利儿童教育手册：3-6岁儿童发展指南（实践版）	9787515307664	25.00

书名	书号	定价
★自由地学习：华德福的幼儿园教育	9787515328300	29.90
赞美你：奥巴马给女儿的信	9787515303222	19.90
教育主张/教育视野		
为学生赋能：当学生自己掌控学习时，会发生什么	9787515352848	33.00
如何用设计思维创意教学：风靡全球的创造力培养方法	9787515352367	39.80
如何发现孩子：实践蒙台梭利解放天性的趣味游戏	9787515325750	32.00
如何学习：用更短的时间达到更佳效果和更好成绩	9787515349084	49.00
教师和家长共同培养卓越学生的10个策略	9787515331355	27.00
★如何阅读：一个已被证实的低投入高回报的学习方法	9787515346847	39.00
★芬兰教育全球第一的秘密（珍藏版）（《中国教育报》等主流媒体专题推荐，台湾教育类畅销书榜第一名）	9787515342610	28.00
世界最好的教育给父母和教师的45堂必修课（《芬兰教育全球第一的秘密》2）	9787515342696	28.00
★杰出青少年的7个习惯（精英版）（中小学图书馆推荐书目、中国青少年必读书目）	9787515342672	39.00
★杰出青少年的6个决定（领袖版）（中小学图书馆推荐书目、中国青少年必读书目、全国优秀出版物奖）	9787515342658	28.00
★7个习惯教出优秀学生（第2版）（全球第一畅销书《高效能人士的七个习惯》教师版）	9787515342573	29.00
学习的科学：如何学习得更好更快（入选2016年中国教育网暑期推荐书目）	9787515341767	39.80
杰出青少年构建内心世界的5个坐标（中国青少年成长公开课）	9787515314952	59.00
★跳出教育的盒子（第2版）（美国中小学教学经典畅销书）	9787515344676	35.00
夏烈教授给高中生的19场讲座（入选《中国教育报》"2013年最受教师欢迎的100本书"）	9787515318813	29.90
★学习之道：美国公认经典学习书	9787515342641	39.00
★翻转学习：如何更好地实践翻转课堂与慕课教学（中国教育新闻网2015年度"影响教师的100本书"）	9787515334837	32.00
★翻转课堂与慕课教学：一场正在到来的教育变革	9787515328232	26.00
翻转课堂与混合式教学：互联网+时代，教育变革的最佳解决方案	9787515349022	29.80
翻转课堂与深度学习：人工智能时代，以学生为中心的智慧教学	9787515351582	29.80
★奇迹学校：震撼美国教育界的教学传奇（中国教育新闻网2015年度"影响教师的100本书"）	9787515327044	36.00
★学校是一段旅程：华德福教师1–8年级教学手记	9787515327945	32.00
★高效能人士的七个习惯（30周年纪念版）（全球头号畅销书）	9787515350585	79.00
★学生版盖洛普优势识别器	9787515350387	169.00

您可以通过如下途径购买：

1. 书　　店：各地新华书店、教育书店。
2. 网上书店：当当网（www.dangdang.com）、亚马逊中国网（www.amazon.cn）、天猫（zqwts.tmall.com）
　　京东网（www.360buy.com）、第一街（www.diyijie.com）。
3. 团　　购：各地教育部门、学校、教师培训机构、图书馆团购，可享受特别优惠。

购书热线：010–65511270 / 65516873

可见的学习与思维教学

让教学对学生可见，让学习对教师可见

ISBN：978-7-5153-4500-0
作者：[美]玛丽·凯·里琪
定价：29.80元

★ 获《中国教育报》“2017年教师喜爱的100本书”奖；获中国教育新闻网“2017年影响教师的100本书”奖。

★ 首次将全美最受追捧的“成长型思维模式”运用课堂教学的权威指南；

★ 成长型思维教学打造真正的因材施教、回应式课堂。

内容简介：本书运用著名心理学专家卡罗尔·德韦克创造的“思维模式”理论于课堂教学实践中，既有心理学、脑科学、思维训练等专业知识，又有注重差异化、回应式课堂的建构式教学系统，以及可应用的成长型思维模式塑造方法、任务和建议，更有大量图表、计划模板等教学工具，教师可以充分参考或直接使用。以生动的案例和实践步骤，将可运用的成长型思维教学技巧娓娓道来，破解思维能力培养难题，为学生学习和成长寻找到了“捷径”。

全书用科学的理论和具体可行的操作建议引领教师接受成长型思维模式；针对学生核心素养培养的教育目标，教师重新审视课堂，改变思维方式，明确教学的思维航向，在课堂教学、师生关系、学校氛围中，打造出学生智力、行为、学习与思维方式的创新教学模式；培养学生成长型思维方式，改变学生对自身能力和潜力的固定思维，从失败中学习，不断挑战自我，认定努力和困难能创造新的神经元连结，让大脑越来越聪明，最终成为具备极强学习能力，保持学习热情，主动追求卓越，自信健康的优秀学生。

如何成为高效能教师

作者：（美）黄绍裘　黄露丝玛丽

定价：89.00元

- 美国教师培训第一书
- 一套完整的高效能教师培训系统和教师核心素养提升解决方案
- 全球销量超400万册
- 超值赠送60分钟美国最专业、最受欢迎网络教学视频
- 200页网络版主题教学拓展资源

卓越课堂管理

作者：（美）黄绍裘　黄露丝玛丽

定价：68.00元

- 获中国教育新闻网2015年度"影响教师的100本书"奖
- 获2016年第25届上海市中小学、幼儿园"优秀图书"奖
- 一套高效管理课堂的完整体系，为广大教师提供50种有效的课堂管理方案
- 并示范高效能教师的6套开学管理计划，让学生通过严格执行50种教育程序获得成功。